가시가 있는 꽃길

가시가 있는 꽃길

글쓴이 전효택

1판 1쇄 인쇄 2025. 11. 20.
1판 1쇄 발행 2025. 12. 1.

펴낸곳 마음풍경
표지 · 편집 디자인 예온

신고번호 제300-2004-100호
신고일자 2004. 6. 11
전화 031-900-8060 | **팩스** 031-900-8062

ⓒ Hyo-Taek CHON, 2025

ISBN 979-11-85303-10-9 03800

가시가 있는 꽃길

전효택 교수의 여섯 번째 산문집

마·음
풍경

책머리에

제가 글을 쓴 지도 어느덧 12년이 됩니다. 그동안 몇 차례 산문집을 발간했고, 작년에는 다섯 번째 산문집 『살아 있다는 의미』를 내어 매우 기쁘게 생각합니다.

지난 일 년간 보람된 일도 있었습니다. 2022년 봄호부터 새로이 출발한 『계간현대수필』이 정상적으로 발간되며 자리를 잡아가는 일에 참여하고 있는데, 금년 여름에는 종로구 익선동에 사무실 공간을 확보하여 더욱 기쁩니다. 특히 즐거운 일도 있는데, 컬러판 여행 산문 동인지 『여행인문학』 창간호를 금년 7월 발간한 일입니다. 이 문예지를 국내 유일의 컬러판 여행 산문 잡지로 발전시키려는 계획과 욕심을 가지고 있습니다.

2018년 9월에 창간한 계간지 『여행문화』가 2023년 겨울호를 마지막으로 정간되어 안타깝습니다. 국내 유일의 수준 높은 컬러판 여행 산문 문예지를 만든다는 자부심으로 5년 이상 봉사하였으나, 경영 문제로 발간이 중단되었기 때문입니다.

저는 지금도 건강 걷기를 주창하며 고등학교·대학 동기들, 명예교수님들과 서울 주변 산책 코스로 안내하는 일을 하고 있습니다. 가능하면 오전에 두세 시간여를 걷고 간단한 점심 식사와 차를 나누는 정다운 자리입니다. 해외여행으로는 가까운 일본 오키나와 부근의 섬인 미야코지마와 이시가키에 휴양차 잠시 다녀왔는데, 이를 소재로 여행 산문을 투고하기도 했습니다.

글쓰기는 여전히 어렵다고 느낍니다. 머리 안에서는 글의 주제와 문장 구성이 뱅뱅 돌고 있으면서도 작품 완성이 쉽게 진행되지 않는 경우가 많습니다. 독자에게 재미있는 공감을 주는 수필을 쓰지 못하는 아쉬움이 있습니다. 그동안 글을 쓰면서 발견한 즐거움은 자신에 대한 성찰과 돌아보기였습니다. '나는 누구인가'를 깊이 생각하게 되었고, '얼마나 정직하고 솔직하게 마음에서 우러나오는 글쓰기를 할 수 있을까'를 고민하기도 합니다. 또 '앞으로 더 나이 들어 다가올 죽음을 어떻게 맞이할까'를 담담히 사유하기도 합니다.

그동안『계간현대수필』『한국산문』『리더스에세이』『에세이스트』『수필과비평』『한국수필』『문학 秀』『그린에세이』『현대작가』『문예바다』『문장』『수필미학』『한국문학인』등의 정기 문예지뿐만 아니라,『문학서초』『청색시대(계간현대수필작가회 동인지)』『서울공대 웹진』『서초앤솔로지』『여행인문학』『서울대학교 명예교수 회보』『서울대학교 명예교수협의회 소식지』등의 동인지와 소식지에 게재한 글들을 묶어 여섯 번째 산문집을 냅니다. 여러 문예지로부터 원고 청탁을 받으며 아직은 마감 날짜에 늦지 않게 원고를 보내고 있어 다행으로 여깁니다.

   이 산문집은 내 가족과 제자 및 가까운 지인들, 그리고 같은 길을 가며 발간물을 교환하는 문우님들께 증정하려 합니다. 이 책을 읽는 독자에게 조금이라도 삶에 보탬이 되고 위안이 된다면 제게는 큰 기쁨입니다.

   이 산문집이 나오기까지 제 글을 읽어 주고 합평해 주신 문우님과 선생님께 감사드립니다. 아울러 여전히 책보기와 책사기, 글쓰기를 좋아하는 남편을 배려해 주고 있는 아내와 아이들에게도 고맙다는 인사를 보냅니다.

2025년 11월 중순
'작가의 방'에서 저자 씀

차례

책머리에

1 · 잃음과 아쉬움 사이

암기와 건망증 • 15
새로운 동거인 • 18
잊지 못하는 영롱한 눈망울 • 22
포도주에 대한 여러 기억 • 26
해피 데이 • 33
잃음과 아쉬움 사이 • 38
넘어진다는 것 • 42
유일한 이모님 • 45
일암 이희근 교수님을 추모하며 • 49

2 · 글 쓰는 마음 부자

글 쓰는 즐거움 • 55
안경을 벗 삼다 • 58
글 쓰는 마음 부자 • 62
달력 사랑 • 66
아파트 입주기 • 69
웰다잉 • 73
혼신의 글쓰기 • 77
북 토크쇼 • 81
나의 러시아문학 공부 • 91

3 · 가시가 있는 꽃길

진정한 애국자 송강 이준열 • 99
어린 새 한 마리 • 103
뜻밖의 답사 • 107
가시가 있는 꽃길 • 111
독일 프라이베르크대학 • 115

4 • 여행 산문

에스토니아 정신의 도시, 타르투 • 121

토론토에서의 즐거운 추억 • 125

세 번의 아드리아해 방문 • 128

동유럽 첫 방문기 • 132

봄날의 영월 탐방기 • 136

산호섬 미야코지마 • 140

플리트비체와 라스토케를 찾아 • 144

한탄강 주상절리길을 찾아 • 148

육지 속의 섬마을 회룡포를 찾아 • 151

강남 한복판에 있는 왕들의 안식처 • 154

황당한 별장 • 158

산타마을의 추억 • 162

루마니아 클루지-나포카 방문기 • 166

5 • MAHA(My active & healthy aging) 은퇴 후 시간을 건강하고 활동적으로 만드는 건강 걷기

MAHA 1 : 서울역-남산공원-백범공원-안중근 의사 기념관-해방촌 코스 • 173

MAHA 2 : 돈의문 박물관 마을-경교장-홍난파 가옥-권율 도원수 집터-딜쿠샤 코스 • 180

MAHA 3 : 덕수궁-국립정동극장-고종의 길-청계천-광장시장 코스 • 187

MAHA 4 : 피천득산책로-동작대교 전망대 카페-허밍웨이 길-김창숙 기념관 코스 • 191

6 • 아름다운 암석 여행

기분이 편마암 • 197
다이아몬드가 있는 킴벌라이트 • 201
언제나 든든한 화강암 • 206
우아하고 부드러운 대리석 • 211

1.
잃음과 아쉬움 사이

암기와 건망증

중고등학교 시절 외우기 숙제를 잘하는 편이었다.

중학생일 때는 세계지리 과목에서 국가 이름과 수도 이름 외우기가 필수였다. 그 덕분에 중학교 시절부터 이미 북유럽 국가의 수도 이름까지도 알고 있었다. 후에 해외여행을 좋아하는 내게 도움이 되었다.

고등학교 시절 화학 시간에는 주기율표의 원소기호와 원자번호, 원자량을 외워야 했다. 이 암기는 대학에서 화학을 배우며 또한 내 전공(환경지구화학/지구화학탐사 분야)이 화학 분야와 밀접하여 두고두고 편리하였다.

청년 시절에 한 편의 영화를 보고 나면 영화 제목과 남녀 주인공 이름을 오래도록 기억하곤 했다.

나이 들어가며 점차 과거에 잘 외운 내용들, 특히 영화의 남녀 주인공 이름이나 주변의 지인 이름을 차츰 잊어가고 있다. 이름을 가르쳐 주면 생각나서 기억하는데 건망증 증상이다. 하지만 신기하게도 학생 때 외운 나라 이름과 수도 이름은 여전히 잘 기억하고 있다.

　해외여행 후 남은 외환을 책갈피에 또는 파일박스에 보관하고는 잊어버린 적이 여러 번 있다. 해외 출장에서 남은 소액의 외화 중에 달러와 엔화는 은행에 통장 저축이 되지만, 다른 나라의 외화는 환전하든지 또는 다음의 출장이나 여행을 위해 보관한다. 출장 후의 자료와 메모를 한 개의 파일박스에 함께 저장하곤 하지만 시간이 지나며 잊는 경우가 있다. 한번은 뉴질랜드 외화를 책갈피에 보관하고서는 수년간 완전히 잊고 있다가 아내가 책장을 정리하며 찾아 준 적도 있다. 내가 아는 원로 교수님은 해외 출장 후 남은 소액의 외화를 연구실 파일박스에 보관하고 작고하였는데, 조교가 연구실을 정리하면서 발견하여 가족에게 돌려드렸다고 한다.

　오래전 기억이다. 어느 날 저녁 회식 중 내 옆자리에 계시던 고령의 은사님은 한 시간 사이에 같은 질문을 다섯 번이나 했다. 나이 들며 이러한 일이 남의 일이 아닌 듯하다. 언젠가는 가까운 지인의 이름이 기억나지 않을 때가 올 것이고, 또한 최근에 일어난 중요한 일들도 기억하지 못하는 시기가 올 것이다. 심지어는 가족도 알아보지 못하는 시기가 올 것이다. 이런 생각을 하면 서글프기도 하지만 기억력 감퇴와 건망증은 나이 들어가며 나타나는 증상이어서 자연스럽게 받아들일 마음의 준비는 되어 있다.

　나의 암기 능력은 이미 수십여 년 전이다. 지금은 사실상 외울 필요가 없는 시대라 해도 과언이 아니다. 요즘은 구구단 정도는 외워야겠지만 외울 숙제가 별로 없을 것 같다. 스마트 폰이 이제는 생활의 필수품이 되었다. 필요한 자료와 정보를 저장할 수 있고, 언제라도 쉽고 빠르게 검색할 수 있으며 통신할 수 있으므로 외울 필요가 없게 되었다. 알려고 하는 단어나 주제를 검색하면 너무도 친절하게 많은 정보와 자료를 제공한다. 외우는 지식은 적어지고 있으나 읽고 이해하여야 하는 정보와 자료 범위와 그 양은 급속하게 늘어나고 있다. 스마트 폰을 가끔 잊고 외출하면 보통 불편한 게 아니다. 실제로 외부에서 핸드폰 없이는 전화 통화도 할 수 없는 세상이 되었다.

'스마트 폰에 ChatGPT 앱을 깔고 다니면 마치 개인 교사를 늘 옆에 두고 사는 것과 같다'고 한다. 심지어 주제어를 주면 글쓰기도 대신하는 인공지능의 시대이다. 어떤 문인은 스마트 폰에 이 ChatGPT를 깔아 놓고는 마치 자신이 모든 지식을 알고 있다고 착각한다고 한다. 연구자의 경우 논문을 작성할 때 논문 주제의 선행연구(Previous work) 자료를 개인이 정리하려면 보통 수개월이 걸릴 거다. 인공지능 방법으로 선행연구 결과를 일목요연하게 정리해 준다면 시간적으로나 또한 내용 면으로 큰 도움을 받을 수 있는 엄청난 시대가 되었음은 반가운 일이다.

그래도 나이 들며 생기는 건망증을 자연스럽게 극복하기는 여전히 쉽지 않을 것 같다.

• 리더스에세이, 2024 가을호

새로운 동거인

버나드 쇼는 '우물쭈물하다가 나 이런 날 올 줄 알았다'라고 비문에까지 썼다더니 나도 벌써 종심(從心)이 지났다. 공자는 나이 70이 넘으면 '마음이 내키는 대로 행동해도 법도에 어긋나지 않는다. 자연 이치에 어긋나지 않는다, 도덕적으로 비난받지 않는다' 하였는데, 이는 그만큼 자연과 인간 삶의 순리에 대해 깨닫게 된 나이라는 뜻일 것이다. 두보는 '사람이 태어나 70세가 되기는 예로부터 드물다'라고 하였는데 요즘에 그런 말 하다가는 뺨 맞을 수도 있겠다.

수명이 길어지고 건강관리를 잘하다 보니 내 고교 친구 중에는 아직도 등산에 날고 있는 녀석도 있다. 요즘에는 환갑이나 칠순 잔치가 사라진 지 오래다. 나이 60세에 또는 65세에 정년 퇴임했다고 해서 본인도 또는 다른 사람 누구도 노인이라고 보지 않는다. 직장 정년 후인 나이 60부터 75세까지를 장년기로 구분하며 그 이후가 노년기라 하는 인사도 있는데, 나도 여기에 한 표를 던진다.

그런데도 나이 탓인가 젊은 시절에는 없던 현상이 나타난다. 수년 전 언젠가 핸드폰을 대학 연구실 책상 위에 두고 잊은 채 퇴근한 적이 있다. 대학 정문에서 버스, 지하철, 걷기를 해서 집에 도착하면 대략 50분 정도 걸리는데, 그 시간 동안 한 번도 폰을 열어 보지 않았다. 집에 도착하고 나서야 잊고 왔음을 알았다. 시도 때도 없이 들여다보다 없으니 "연락이나 문자 온 데가 있을 터인데" 하며 답답하고 불편하기도 했다. 다음 날 아침 출근하여 보니 휴대폰은 책상 위에 잘 놓여 있고 별다른 급한 연락은 없었다. 폰이 없어도 내게는 별로 걱정할 필요가 없음을 알았다.

또 출근하며 잊고 나오기가 여러 번이었다. 대개는 집에서 지하철역까지 걸어오는 십여 분 사이에 생각나서 집으로 되돌아가 챙기곤 했다. 한 번은 이미 지하철을 타고 한 정거장이나 지난 후에 생각이 나서 되돌아와 가져가기도 했다. 그날은 핸드폰이 꼭 필요할 것만 같아 그렇게 했으나, 지나고 보니 꼭 그럴 필요도 없었다. 폰이 없다 해서 급하고 중요한 일에 어려움이 있음도 아니다. 단지 핸드폰에 매여 사는 생활 습관 때문으로 보인다. 문제는 휴대폰이 없으면 공중전화가 드물어서 전화하기가 어렵다.

요즘 젊은이들은 걸어가면서도 심지어는 건너가는 길에서도 핸드폰을 보며 걷는다. 지하철과 버스에 오르고 내리면서도 사람들 눈은 폰에 가 있다. 심지어 귀에는 수신기를 착용하고 있어 대화는 더 불가능하다. 가히 중독 모습이고 매우 답답해 보인다. 옆에서 슬쩍 도대체 무엇을 보나 보면 오락이나 드라마 또는 영화, 스포츠 중계 등 별로 대단한 내용도 아닌 듯했다.

동료 교수 중에는 재직 시절 휴대폰을 전혀 이용하지 않고 생활한 교수도 있었다. 그는 연구실 전화와 E-메일, 팩스만을 고집했다. 나는 그를 참 대단하다고 평가했다.

지하철 2호선 교대역-서울대입구역 구간으로 수십 년간 출퇴근했다. 출근 때에 간혹 서울대입구역을 놓치고 다음 역인 봉천역에서 내리기도 하고, 퇴근 때는 교대역을 지나 다음 역인 강남역 또는 그다음 역인 역삼역까지 가기도 했다.

신림선 경전철이 개통된 후에는 2호선 신림역에서 환승, 관악산(서울대)역까지 간다. 이 역에서 대학 정문 옆 연구동까지는 걸어서 5분 이내 거리이다. 출근하며 다른 생각에 빠져 있거나 핸드폰으로 메일을 체크 하다가 신림역을 지나 다음 정거장에 내릴 때가 가끔 있다. 이 역에서 한 정거장을 되돌아가기가 출근 시간인지라 보통 혼잡한 게 아니다. 그렇다고 이 역에서부터 대학까지 걸어가기는 멀고, 학교로 가는 버스 노선도 신통치 않다. 한순간의 방심으로 이 혼잡한 장소에서 시간을 소비하니 안타깝기도 했다. 지하철에서 내리는 역을 놓치는 경우가 나이 들어 생긴 셈이다.

서초동 인도에서 수첩을 보며 걷다가 보도 중간에 있는 전신주를 머리로 받은 적이 있다. 다행히 챙이 달린 모자를 쓰고 있어서 안경이 무사했다. 이마에 작은 상처가 생겼으나 그리 심각하진 않았다. 내 생애 첫 길거리 충돌사고였다. 모자를 쓰지 않았다면 아마 안경은 떨어져 부서지고 이마가 터져 피를 흘렸을 것이다.

어느 겨울날 완만하게 경사진 인도에서 미끄러지며 엉덩방아를 찧은 적이 있었다. 처음엔 너무도 창피하여 순식간에 일어나긴 했지만, '내가 넘어질 때가 다 있네' 하는 자괴감이 들었다. 나이 들어 넘어지는 사고가 가장 위험하다고 알려져 있다.

나이 든 노년의 배우들은 대본을 죽기 살기로 외운다고 한다. 그들도 젊을 때와 달리 빠르게 외워지지 않아 각고의 노력이 필요하다고 했다. 나도 칠십을 넘기며 이러한 일들이 남의 일이 아닌 듯하다. 언젠가는 가까운 지인의 이름이 기억나지 않을 때가 올 것이고, 또한 최근에 일어난 중요한 일들도 기억하지 못하는 시기가 올 것이다. 이런 생각을 하면 서글프기도 하지만 기억력 감퇴와 건망증은 나이 들어감의 자연스러운 증상이니 어쩔 수 없다. 이왕이면 주변의 좋은 사람들과 즐겁고 행복했던 기억만이 더 오래도록 내게 남아 있기를 바란다. 나이 들어 나타나는 증상을 새로운 동거인으로 받아들일 마음의 준비를 하고 있다.

• 수필과비평, 2025.3.

잊지 못하는 영롱한 눈망울

 십오 년 전 가을 오후이었다. 나는 아내의 전화를 받고 연구실을 허둥지둥 뛰쳐나갔다. 똘이가 죽었다는 연락이었다.
 지금도 똘이와의 첫 만남을 잊지 못한다. 똘이는 우리 집에 생후 일 개월 만에 왔다. 지인이 선물한 쉬츠와 마르티스 잡종의 흰색 강아지였다. 아주 똘똘하게 생겨 '똘이'라고 이름 지었다. 어려서부터 영리하여 우리 가족을 잘 따랐으며 우리 집에서 누가 어른인지를 아는 영특한 강아지였다.
 주말 오전이면 데리고 나가 산책을 하였는데 이 작은 체구의 강아지가 앞서겠다고 씩씩거리며 나를 끌고 가곤 하였다. 신기한 점은 내가 주말에 밖으로 나가지 않고 누워 있으면 내 머리를 앞발로 툭툭 치며 나가자고 했다. 평일에는 가만히 있다가 주말을 어떻게 알고 그러는지 신기했다. 주중에 출근하기 위해 현관문을 나서면 짖지 않고 가만히 있다가도, 주말에 잠깐 외출하려고 옷을 입고 있으면 자기도 데려가라고 짖어대며 따라오는 것이 기특하였다.

나는 자녀가 1남 2녀이다. 아들이 군대에 가고 딸 둘이 유학이나 어학연수 등으로 해외에 나가 있어서 거의 일 년간 집안 식구가 부부만 있는 썰렁한 적이 있었다. 이때 우리는 똘이를 둘째 아들이라고 불렀으며 부부만 있던 조용한 집안에 큰 위로가 되었다.

똘이는 우리 가족과 1995년 2월부터 2009년 10월까지 15년여를 함께 살다가 심장판막증이라는 병으로 아프다 고통스럽게 죽었다.

2009년도 어느 봄날 똘이를 데리고 아파트 주위를 산책하는 중이었다. 똘이가 평지에서는 앞장서서 잘 걷더니, 아파트 정문을 지나 오르막길에서 걸음을 멈추고 안아 달라 했다. 나보다 항상 앞서가던 녀석이 이제 15살이 되었으니 늙고 약해져 경사진 길을 오르기가 힘든가 보다 하고 가볍게 생각하였으나 이런 현상이 반복되었다. 여름 더위를 대비하여 똘이의 털을 깎아주고 나자 배 부분이 불룩하였고, 집안에서도 걸어가다 뒤뚱거리고 몸을 못 가누었다. 예방주사를 맞던 동네 동물병원에서 진찰받았는데 큰 종합병원에 가보라 하여 모교 대학동물병원에 데리고 갔다.

주치의인 수의과대학 교수는 진찰 결과 똘이가 심장판막증으로 매우 위험한 상태여서 당장 입원하여야 하며 입원 중에라도 잘못될 수 있다는 소견을 들려주었다. 똘이는 3박 4일간 입원하여 치료받으며 배에 찬 물을 빼내었으며, 집에서의 치료 방법을 듣고 약을 받은 후 퇴원하였다. 그 이후 매달 한 번씩 치료를 받으며 약을 받아오는 생활이 6개월간 지속되었다. 문제는 똘이가 약을 먹지 않으려 하는 것이었다. 다른 음식과 섞어 주기도 하고 물에

타서 억지로 먹이기도 하였으나 이때는 안 먹으려 하고 사나워져 물기도 하는 등 약을 먹이는 어려움이 컸다.

　병원에서 퇴원할 때 주치의 교수는 똘이가 나이도 많고 심장병으로 수개월 내로 죽을 것이므로 가족들과 마음의 준비를 하라 하였다. 주변에서는 안락사 방법도 있음을 알려 주었으나 딸의 반대로 안락사는 포기하고 살아 있는 마지막까지 치료를 계속하기로 하였다.

　똘이는 병중에는 하루 종일 거실에 옆으로 누워 있었다. 초기에는 내가 퇴근하여 현관문에 들어서며 '똘이야 나오지 않아도 돼' 하는데도 아픈 몸을 질질 끌고 뒤뚱거리며 현관까지 나와 나를 맞이하곤 하였다. 병이 더 심하여져서 움직이지 못하게 되자 내가 퇴근하여 들어오면 머리를 돌려 나를 쳐다보며 아는 체를 하곤 하였다. 나는 개의 충성스러움을 새삼 느끼며 우리도 아니 자식들도 이렇게 할 수 있을까 생각하곤 하였다. 똘이는 아프면서도 앓는 소리를 내본 적이 없었다.

　2009년 10월 20일 오후 1시경 아내가 외출 후 집으로 돌아오자 똘이는 거실에 누워 있었고 설사를 해서 거실 바닥이 더러워져 있었다. 그 순간도 아내에게 반갑다고 누워서 꼬리를 쳤고 고개를 들어 집사람을 보며 반겼다고 한다. 아내는 똘이의 더러워진 몸을 씻어주기 위해 샤워실로 옮겼는데, 몸을 씻기도 전에 눈을 뜨고 숨을 거두었다고 근무 중인 나에게 알려 주었다.

　나는 애완용 동물을 화장하는 장소가 있는 김포 서쪽 애완동물 화장집 ― 마치 유치원 건물처럼 생긴 집 ― 에서 기독교식으로

찬송가를 녹음으로 들려주며 용광로로 들어가는 똘이의 시신을 유리창 너머로 보았다. 화장 후 뼛가루를 담은 작은 유골 항아리는 우리 집 거실에 똘이 사진과 함께 배치하였다. 똘이는 이 거실에서 삼 년 반을 더 머물다가 강원도 문막에 위치한 부모님 묘소 옆자리에 납골 항아리째 깊이 묻히며 우리 곁을 떠났다.

 나는 지금도 둘째 아들 똘이의 크고 영리한 눈망울이 보고 싶다. 그는 우리 가족에게 즐거움과 기쁨의 활력소였다. 생긴 모습도 귀엽고 똘똘했다. 마지막 육 개월 기간은 몸을 가눌 수 없을 정도로 아프면서도 우리 가족에게 한결같이 보여준 충성심을 생각할 때마다 똘이가 그립다. 똘이가 죽은 후 우리 가족은 지금까지도 강아지를 키우지 못하고 있다.

• 리더스에세이, 2024 여름호

포도주에 대한 여러 기억

포도주가 인기 있는 술이 된 지는 그리 오래지 않다.

내가 대학생 시절이던 1970년 전후에는 주로 소주, 막걸리, 맥주가 애호 술이었다. 그 이후 사회인이 되어서도 으레 회식 자리에서는 소주 아니면 맥주가 대세였고, 운이 좋으면 양주를 매우 드물게 마시곤 했다. 언젠가부터 포도주가 광범위하게 광고에 오르고 판매 실적이 높아지며 부담 없는 선물용으로 또한 애주가들이 즐기는 술이 되었다.

계용묵 작가는 수필 「포도주」에서 죽마고우의 어머님(자친 慈親) 생신에 저녁 식사 초대를 받아 함께 초대받은 동향 친구와 함께 축하 선물을 준비한다. 그 어머님도 작가를 매우 아끼는 분이어서 적절한 선물을 찾다가 술이면서도 알코올 성분이 적은 포도주가 축배를 드리기에도 적절하다고 생각하여 포도주를 준비해 간다.

작가는 술이 약하면서도 즐거운 자리인지라 사양 없이 잔을 받아 마셨다가 먼저 취하였다. 선물로 가져간 포도주로 축배 드리는 것도 잊고 돌아와서 무례를 범했다고 후회하며 몇 달을 두고 잊지 못하고 섭섭해한다. 어느 날 그 자리에 참석했던 다른 한 친구로부터 작가가 돌아간 후에 술이 덜 취한 사람들이 별미로 남기고 간 그 포도주로 한 잔씩 더 하자고 한 잔 가득 따라서 마셨다가 그 맛이 포도주가 아니라 신 식초였음을 듣게 되었다. 포도주를 살 때 점원이 식초를 잘못 포장해 준 것이었다. 포도주가 아닌 식초로 작가가 축배를 선창해 드렸다면 얼마나 무례였을까, 세상 사람 묘하기도 하다는 한탄을 그리고 있다.

수필 「포도주」는 게재 연도가 1939년이다. 이 시기에 이미 포도주가 선물이 되었나 하는 의문이 든다. 나는 포도주 상품이 있음은 알고 있었으나 포도주를 선물로 또는 포도주를 즐겨 마신 적이 없어 생소하게 여겨진다.

포도주가 부담스럽지 않고 일상의 선물임을 알게 된 것은 1980년대 초 영국 런던에서 생활할 때였다. 나 홀로 지낼 때여서 주말에는 동료 유학생 가족이나 지인들이 식사를 초대해 줄 때가 있었다. 이때 가장 부담 없고 좋은 선물이 용량이 큰 포도주 한 병을 들고 가는 거였다. 런던에서 일반 포도주는 그리 비싸지 않은 선물이었다.

포도주의 종류가 워낙 다양하지만 좋은 포도주는 알코올 함량이 적어도 13% 이상이면 무조건 좋은 것임을 알게 되었다. 최근에는 운이 좋게도 알코올 함량이 14%가 넘는 포도주를 시식한 적도 있다. 알코올 도수가 높음에도 선입견인지 그 부드러움이 다름을 나 같은 초보도 느낄 수 있었다.

　포도주와 더욱 가까워진 경우는 2000년대에 공동 연구차 헝가리를 수차 방문했을 때였다. 세미나차 들른 한 지방 대학의 이름이 지금은 기억나지 않으나 포도주학과가 있었다. 동행한 M 박사 설명으로는 이 학과에 학생이 입학하면 우선 포도나무 재배부터 시작하여 포도주의 제작과 판매까지 전 과정을 이수하고 졸업한다고 해서 매우 흥미로웠다. 대학 매점에서는 이렇게 제작된 여러 종류의 포도주를 저렴하게 판매하고 있어 나도 두어 병을 산 기억이 난다. 헝가리의 대표적 와인으로 이름이 일본말 같은 토카이(Tokaji) 와인이 있음을 처음 알았다. 한국에서는 포도주가 인기인데 헝가리 와인은 별로 보이지 않는다고 물었더니, 프랑스, 스페인, 이탈리아, 남미 국가 등과의 마케팅에서 밀리기 때문이라 했다.

　계용묵 작가의 글처럼 축하 선물로 산 포도주가 엉뚱하게 점원의 실수로 말미암아 식초로 가져간 경우는 매우 드물다고 본다. 세상사에는 이렇게 본인이 의도하지 않은 엉뚱한 결과가 따라오는 경우가 있다. 이런 경우 어떻게 사과하며 보완할 수 있을까. 친한 친구와 어머님께 술에 취해 포도주로 축배를 드리지 못하고 만취해 먼저 돌아가서 미안한데, 선물로 준비해 간 포도주가 식초였다는 걸 수개월 후 알게 되었을 때의 그 송구함과 난감함은 이루 말할 수 없을 것이다. 세상일이란 뜻하지 않게 기묘하게 전혀 의도치 않은 결과로 나타남을 한탄하는 작가를 나는 충분히 이해한다.

그동안 살아오며 이와 유사한 전혀 의도치 않은 결과가 벌어지는 사건이 내게도 몇 번이나 있었는지 잠시 회상에 잠겨본다.

• 문학서초 제28호, 2024. 12.

포도주

계용묵

하루는 어떤 벗으로부터 자친(慈親)이 회갑이니 저녁이라도 같이 먹으면서 하루 저녁 이야기나 하자는 청을 받았다. 그 벗은 죽마의 고우일뿐더러 벗의 자친 또한 나를 퍽이나 사랑하여 주시는 이로, 나는 반갑게 그러마고 승낙을 하였다.

그리고는 같은 청을 받은 역시 동향 친구인 한 사람의 동무와 같이 그 시각에 대여 가기로 하고 우리는 우선 진고개 백화점으로 향하여 나섰다. 이 갑파(甲婆)에게 무슨 기념이 될 만한 그러한 물건이 없을까 그것을 물색해 보자는 것이었다. 그러나 그 백화점을 두루 돌아가며 찾아보아야 눈에 띄는 그럴듯한 물건이 없었다. 과자나 쟁반 같은 것은 어떠냐는 동무의 의견도 있었으나, 그런 것들은 그저 빈손이 멋하여 들고 가는 보통 인사에 지나지 못하는 것이어서 마음이 내키지를 않아 다시 한 바퀴 물색을하여 볼까 하는데 눈을 두리번거리던 동무는 별안간 좋은 것이 눈에 띄었다고, 그리고 그것이면 의의만점(意義滿點)이라는 듯이 빙그레 웃으며 손가락질을 하기에 보니 그의 손가락은 과즙류의 진열 속에 포도주병을 가리키고 있다.

포도주 나도 그것이 그럴듯이 생각되었다. 이러한 축의(祝儀)에는 척 떠오르는 것이 술이긴 하였으나, 여인에게는 그것이 합당하지를 않아 망설이다 못해 무슨 물건으로라는 생각 만에 헤매던 나는 술은 술이면서도 알콜 성분이 적어 술을 전연(全然)히 마실 줄 모르는 여인네라도 몇 잔 간은 연거푸 마셔도 괜찮을 정도의 포도주라면. 그리하여 그것으로 축배를 드리는 것이 무엇보다 의의가 있는 일 같아, 나도 두말없이 그 포도주에 동의하고 점원에게 그것을 달라 명하여 한 병씩 옆에 끼고 벗을 찾아갔다.

그러나 좌석은 우리로 하여금 그 자리로 곧 축배를 드리게 되지 못해 기회만을 엿보며 그저 술을 먹고 있었다. 최고 오륙배(伍六杯)면 족한 내 주량이었건만 즐거운 이날을 다 같이 얼큰히 취해서 즐겁게 노는 것이 이 모임이라 참석을 안 했으면 모르거니와 한 이상에는 아니 먹을 수 없었고, 그렇지 않은지라 내 마음도 즐거워 사양 없이 잔을 들게 되니 약한 내 주량은 그만 남보다 먼저 취하게 되어 축배 드리기를 잊는 무례를 범하고 돌아왔다.

이것을 나는 그 이튿날에야 깨닫고 벗에게 예를 잃은 것보다 내 마음이 지극히 섭섭함을 금할 길이 없었다. 그리고 그것은 몇 달을 두고 잊혀지지 않았다.

그러다가 하루는 그때 그 좌석에서 같이 잔을 나누던 한 친구를 만나 그때 그 포도주는 군(君)이 가지고 갔던 것이냐고 하기에 그렇다고 대답을 하였더니 이 친구 대답 끝에 하는 말이 그날 내가 돌아간 후에도 아직 덜 취한 사람들은 그대로 앉아서 술을 계속 하다가 포도주를 가져온 사람이 있으니 별미로 그것을 한 잔씩 하자는 누구인가의 제의로 주인은 포도주병을 들여다 뚜껑을 떼고 잔마다 돌아가며 한 잔씩 가득 부어 놓고 권하였다 한다. 그러나 좌석은 잔을 들어 입에 댔다가는 포도주의 그 이상한 맛에 다시 잔들을 놓고는 의심쩍어 차마 삼키지를 못하고 상(床) 귀에 뱉어 놓기를 일제히 하면서 서로 그 이상한 맛을 따져 물으니 그저 신맛 한 가지밖에 모르겠다는 것이 누구의 입에서나 일치하게 나오는 것이었다고 한다. 그래서 포도주가 썩은 것은 아닌가 하여 병엣것을 큰 그릇에다 쏟아서 점사를 하여 보았더니 그것은 포도주가 아니라, 초(酢)로 판명이 되는 바람에 '애-에-' 하고들 돌려놓으니 건넌방에 모여 앉았던 근처 집 여인네들이 "우리 집에 초가 없더니 우리 집에 초가 없더니" 해서 모두 나누어 주었다는 것이다. 점원은 필시 포도주를 초로 잘못 바꾸어 싸 주었던 모양이다.

나는 이 말을 듣고 그러지 않아도 예를 잃어 미안한데 뜻도 않았던 이러한 미안까지 이중의 미안을 겹쳐 느끼게 되었다

그러나 이제 생각하니 그때 만일 그 좌석이 나로 하여금 그 갑파(甲婆)에게 축배를 드릴 만한 여유를 주었으면 얼마나 나는 무안하였을까 하니, 그리고 그것은 축배를 잊음으로 잃은 예보다 얼마나 더한 무례였을까 하니 취중에 잊어버린 예가 오히려 다행하기 짝이 없는 일같이 생각도 되었다.

그러니, 이제 바라고 싶은 것은 다만 그 초가 포도주 이상의 축의(祝意)를 가진 성분이 세상 사람 모르게라도 지니고 있었으면

하는 것이나, 그것이 안타까운 억지임을 다시금 깨달을 땐, 그저 세상사란 묘하게도 된다는 한탄밖에 더해 볼 것이 없다.

[발표지] 《문예가(文藝街)》(1939. 8.)
[수록단행본] *상아탑(우생출판사. 1955)
* 이 글은 『계용묵 선집 2 산문』(민음사, 2004) 22-24쪽에서 가져옴.

해피 데이

카페에 모여 있던 문우들의 안타까운 시선과 걱정을 뒤로 하고 식당에서 내어준 검정 슬리퍼를 신고 귀가해야 했다. 신발을 벗고 들어가는 식당에서 내 신발이 없어진 봉변은 처음이었다.

지난 9월 초순이었다. 〈한국산문〉 사무실 부근 식당에서 문우들과 단체로 점심을 했다. 한 달에 한 번 첫 목요일에 두 시간 공부하는 명작읽기반 날이었다. 이 식당은 요즘 드물게 신발을 현관 신장에 올려놓고 들어가는 한정식 식당이다. 즐거운 분위기에서 나의 다섯 번째 산문집 『살아 있다는 의미』의 출간 축하를 문우들로부터 많이 받았다.

식사를 마치고 나오며 현관 신발장에서 내 검정 운동화를 찾을 수 없었다. 동석했던 문우들도 당황해하며 내 신발에 대해 궁금해했다. 나는 문우들을 부근 카페로 먼저 가게 하고서는 식당 남자 손님들이 모두 나갈 때까지 기다려야 했다. 오후 2시경이 되어 남자 손님들이 모두 빠져나가고 나자 운동화 스타일의 신발 한 켤레가 남았다. 그 신발은 신발장에 내 신발을 올려 놓아둘 때 바로 옆에 있던 것이었다. 내 운동화는 끈이 없고 전체가 검정인데, 남은 신발은 진한 청색이고 바닥 밑창은 완전 하얀색으로 상당 기간 신은 낡은 것이었다. 신발 크기는 나와 비슷해 보였다. 색깔과 모양이 완전히 다른데도 누군가가 의도적으로 신발을 바꿔 신고 갔다고 순간적으로 직감했다.

 식당 주인은 30년 넘게 식당을 운영했지만 이런 신발 분실 사건은 처음이라며 황당해했다. 그래도 혹시 착각해서 신발을 바꿔 신고 간 손님이 뒤늦게 알고 연락이 올지도 모르니 하루를 기다려 보자고 했다. 그날 점심시간에 남자팀은 두 팀이었고 낮술을 드신 손님은 없다 했다. 하는 수 없이 식당에서 내준 검정 플라스틱 슬리퍼를 끌고 문우들이 기다리고 있는 카페로 향했다. 카페에서 기다리던 문우들은 말쑥하게 차려입은 노신사가 슬리퍼를 끌고 나타난 것에 대해 웃지도 못하고 민망한 눈빛을 보냈다. 비까지 내리는 초가을에 슬리퍼를 끌고 집으로 갈 생각을 하니 한심했다. 택시까지 잡히지 않아 지하철과 마을버스로 겨우 귀가했다. 지하철이나 집 근처에서 아는 사람을 만나지 않은 것만 해도 그나마 다행이었다. 집에서의 망신은 어쩔 수 없었다. 누구에게랄 것 없이 화가 치밀었다. 도대체 내 잘못도 아니건만 이게 무슨 망신살이란 말인가.

 밤에는 깊은 잠을 이루지 못하고 자다 깨다를 반복했다. 어딘가 가야 하는데 신발이 없어 쩔쩔매는 꿈을 꾸기도 했다. 꿈의 영향인지 아무래도 신발을 찾을 수 없을 것 같은 비관적인 예감이 들기도 했다. 다음 날 점심 전 식당에 전화로 확인하였으나 예상대로 신발이 바뀌었다는 연락은 없다 했다. 식당 주인은 어제 점심에 온 남자 손님들이 많지 않고 아는 단골손님도 있어 전화로 확인했어도 신발이 바뀐 사람이 없다고 했다. 내 검정 운동화를 고의적으로 신고 간 사람이라면 자신의 완전범죄를 자축하며 만족하고 있을 터인데 연락할 리가 없다고 느끼고 있었다.

나는 여전히 한 달에 한 번은 그 식당을 찾는다. 지금도 신발장에 남겨놓고 간 그 신발은 그대로 놓여 있다. 식당 주인은 일부러 그 신발을 내놓고 당사자가 보면 양심의 가책을 받으라고 그렇게 둔다 했다. 작정하고 남의 신발을 가져간 사람이 양심의 가책을 받기나 할까. 대개 이런 사람은 그리 도덕적이지도 않을 터이니 아마도 이 식당을 피해 다니리라. 원래 거짓말 잘하고 습관적으로 좀도둑질을 잘하는 사람은 이미 중독되어 있어 자신이 무슨 짓을 하고 있는지 느끼지도 못한다고 한다.

잃어버린 초경량급 검정 고급 운동화는 내게 한 분뿐인 처형이 준 선물이었다. 미국에 이민 가신 지 30년 만에 팔순 기념으로 한국에 오면서 가져온 귀한 신발이다. 처형은 우리 집에서 한 달간 머물렀다. 신발이 가볍고 내 발에 착 달라붙듯 잘 맞아서 즐겨 신었다. 운동화인데 검정 구두 모양으로 슈트나 캐주얼한 복장 어디에나 잘 어울렸다. 처형은 내가 연애 시절부터 잘 알고 있고 나를 아껴주던 분이어서 누님이 없는 나는 처형보다는 항상 누님이라고 부르길 좋아했다. 매일 만 보 걷기가 나의 일상임을 아시고는 가볍고 튼튼하며 발에 잘 붙는 고급 운동화를 미국에서 선물로 준비해 오신 것이었다.

처형을 인천공항에서부터 모시고 올 때 일화이다. 처형이 메고 온 작은 가방을 공항철도 의자에 놓고 내렸으나 다음 날 오전 서울역에서 가방을 무사히 찾을 수 있었다. 처형은 미국에서라면 상상도 못 할 일이라며 놀라워했다. 나는 지하철 분실물센터에 연락하면 대부분 찾을 수 있다면서 우리나라 국민들의 의식이 그만큼 높아졌다고 얼마나 자랑했던가.

몇 달이 지난 지금까지도 나는 신발을 잃어버린 사실을 인정하고 싶지 않다. 번잡한 영결식장도 아니고, 만취한 취객이 정신줄을 놓는 야밤도 아닌 백주에 남의 신발을 버젓이 신고 사라진 누군가를 생각하면 문득 화가 치밀기도 한다.

요즘은 신발을 벗고 식당 안으로 들어가는 구조의 식당이 많지 않다. 사람들이 좌식생활을 하지 않게 되면서 불편함을 호소했다. 식탁을 의자식으로 바꾸지 않으면 영업이 안 될 정도라고 하였다. 예전에는 실수든 고의적이든 소소한 신발 분실 사고가 빈번했지만 이제는 생활방식의 변화와 함께 옛말이 되었다. 이런 세상에 멀쩡한 신발을 잃어버렸으니 어이도 없지만 그보다 화가 더 났던 것이다.

결국 식당 주인은 도의적 책임을 지겠다며 고급 운동화 매매 가격의 절반 정도를 배상하겠다고 했다. 나는 음식으로 대접받고 싶다 하고 신사적으로 매듭지었다.

연말을 맞으며 지난 한 해를 돌아본다. 아끼던 신발을 잃어버리고 황망했던 기억 말고는 큰 어려움 없이 무난하게 지냈다. 신발을 잃어버리고 속상했던 기억이 옥의 티처럼 선명하게 남는다. 한 해 액땜을 한 셈 치고 잊어버리기로 했다. 잃어버린 신발이 여전히 아깝긴 하지만 누구한테 가서는 행복한 날을 만들어 주고 있겠지 하고 마음을 돌리기로 했다. 남의 신발이 탐이 나서 몰래 바꾸어 신고 간 사람이 매일매일 신고 다니며 실제 즐겁고 행복하긴 할까. 내게 그랬던 것처럼 내가 모르는 누군가에게도 편안함과 즐거움을 주었을 것으로 믿는다. 그러면서도 마음 한쪽에서는 남의 신발을 탐내고 감쪽같이 신고 간 사람을 원망한다. 그가 아무런 죄책감도 없이 매일 매일 신나고 즐겁게 생활한다는 상상은 하기 싫다. 이게 무슨 마음의 조화란 말인가.

 잃어버린 검정 초경량 고급 운동화는 상표 이름이 '해피 데이'(Happy Day, 행복한 날)이다.

• 한국산문, 2025. 2.

잃음과 아쉬움 사이

수년 전 검정 펄튼(Fulton) 장우산을 잃어버렸다. 펄튼 우산은 투명 우산을 쓰고 있는 엘리자베스 여왕이 광고 모델이며 영국 왕실이 인정한 브랜드이다.

광화문 교보 문고에 들렀다가 화장실에 그 우산을 놓고 나왔다. 서점을 나왔을 때 잊고 나옴을 알고 급히 화장실에 갔으나 우산은 사라지고 없었다. 아마 십여 분도 채 안 되었을 거다. 서점 접수 안내에 들러 문의해도 분실물 습득 신고는 없다 했다. 보기에도 튼튼한 검은색 긴 우산을 누군가가 들고 갔으리라.

살아오는 동안 우산을 버스에 놓고 내리기도 하고 또는 상점이나 다른 사무실에 놓고 나오기도 하는 등 몇 번 잃기도 하고 찾기도 했다. 내가 잃어버린 우산 중 지금도 가장 아깝고 아쉬웠던 우산이 그 펄튼 우산이었다. 그 우산을 처음 본 내 친구들도 특이한 우산을 어디서 구했느냐고들 부러워했다. 내가 보기에도 가볍고 튼튼하며 신사용 신변 보호용으로도 제격이어서 가장 아끼던 우산이었다.

서점을 찾을 정도의 교양인이라면 분실물 습득 신고를 해주었거나 제자리에 두었더라면 하는 아쉬움이 아직도 남아있다. 그 펠트 우산은 국내 백화점에 수입 판매하는 지인이 내게 선물한 우산이어서 미안한 생각도 든다. 요즘도 비 오는 날이면 먼저 그 검은색 펠트 장우산이 생각난다.

요즘 우리나라에서는 잊고 간 남의 물건은 그 자리에 그대로 놓아두거나, 습득물 접수창구에 신고함이 일반적인데 의외였다. 언젠가 겨울에 지하철에서 머플러를 잃어버려서 분실물 센터에 문의했으나 찾지 못했다. 그때 직원에게서 들은 말은 일반적으로 손수건, 머플러, 장갑, 우산 등은 습득물 신고가 되지 않는 경우가 많다고 한다.

또 한 번의 분실 대실수가 안경을 새로 맞춘 당일 일어났다. 사십여 년 전 젊은 시절 사건이다. 그날 저녁 오랜만에 아끼는 후배를 만나 식사를 겸해 소주잔을 열심히 주고받고 했다. 키도 크고 덩치가 큰 후배는 소주잔을 들이키는 속도가 워낙 빨라서 내 앞에는 어느 틈에 소주잔 두 잔이 놓이곤 했다. 그 잔이 부담되어 나도 급히 마시고 잔을 건네면서 빠르게 취해갔다. 소주는 마시는 양보다 마시는 속도가 취함에 치명적인데 말이다. 내가 자리에서 일어설 때 몸이 흔들리는 듯 느껴져 집으로 갈 때는 택시를 탔다. 아파트 4층 우리 집 현관에 들어서자 아내는 내게 '안경은?' 하고 물었다. 만취하여 택시에서 졸다가 그날 맞춘 안경을 놓고 내린 것이었다. 평소 같으면 눈이 나쁜 내가 안경 없이 걷는 건 불편하다. 눈을 잃어버리고도 집은 찾아왔으니 두고두고 망신이었다.

수년 전 스페인 남부 안달루시아지방을 여행할 때도 분실의 아쉬움이 있었다. 코르도바에서 새벽에 숙소를 나설 때 지팡이 두 개를 잊고 나왔다. 여행사 관광버스가 출발한 후에야 기억이 났다. 서울에서 준비해 간 부부용 지팡이 두 개였는데, 다이소에서 산 저렴한 지팡이였다. 출발 전날 밤 반드시 챙긴다고 현관 옆에 두었는데 어두침침한 새벽에 나오며 못 본 것이다.

아쉬움에 몬세라트(Montserrat) 지역에서 언덕길 입구에 있는 기념품 가게에 들러 지팡이를 사려 했다. 몬세라트는 카탈루냐 지방 바르셀로나 근처에 있는 산이다. 산 이름의 의미는 '톱니 모양의 산'이라는 뜻이다. 세계 최대의 4대 성지로서 산타 마리아 몬세라트 수도원이 있다.

기념품 가게에서 판매용 지팡이는 없고, 대신 관광객이 오래전 놓고 간 지팡이가 하나 있다 했다. 내가 빌리는 값을 낼 테니 빌려줄 수 있느냐 했더니, 여성 점원은 잠시 생각하다 내게 그 지팡이를 사겠느냐고 했다. 아마도 십 유로에 산 것 같다. 이탈리아에서 만든 진한 초록색 삼단 지팡이로서 이름은 케추아(Quechua, 원래 잉카 문명권의 공용어 또는 족속)이며 등산용이라 쓰여 있었다. 가져간 지팡이를 잃은 대신에 마음에 드는 지팡이를 얻은 경우이다. 친구들과의 산책길에 이 지팡이를 들고 나가면 모두 부러워한다. 지금은 산책길에 나의 애장품이 되었다.

나는 그동안 살아오면서 중요한 물품을 잃어 본 경험이 별로 없다. 초등학생 시절부터 문구 등 개인용품을 잃어버린 적이 거의 없었다. 해외여행 중 여권이나 외화 현금이나 가방 등을 잃어 본 적은 없고, 다행히 치한이나 도둑을 만난 적도 없다. 언젠가 일본 도쿄대학 방문 출장에서 나리타공항을 출발 우에노에 도착하는 고속열차 선반에 작은 가방을 놓고 내린 적이 있었지만, 곧바로 습득물 신고센터에 가서 찾을 수 있었다. 수십 년간 유럽이나 북남미, 아시아 등 수많은 나라를 방문해 보았는데 분실물을 안전하게 찾을 수 있는 나라는 한국이 대표적이어서, 이런 면에서 우리나라가 자랑스럽다고 생각해왔다.

검은색 펄튼 장우산을 잃었다는 소식을 들은 지인이 얼마 전에 이번에는 투명 장우산을 보내왔다. 고맙고 미안하기도 하다. 수십 년 전 안경을 한 번 잃은 후로는 매사 눈부터 먼저 챙겨 안경을 더 잃어버린 적은 없다. 이탈리아산 지팡이는 건강 걷기 산책에 반드시 가지고 다닌다. 친구들은 여전히 내 지팡이를 탐내고 있다.

아끼던 물건을 잃어버리면 안타깝고 아쉽지만, 다시 살 수도 있고 얻을 수도 있다. 나이가 더 들어가며 언젠가는 나를 잃게 되지 않을까 하는 노파심이 든다. 그때는 다시 살 수도 없고 구할 수도 없지 않은가.

• 수필미학, 2024 가을호

넘어진다는 것

    정형외과 병원의 좁은 침대에 누운 채 3주간 매일 거의 한 시간씩 받는 물리치료는 참으로 단순하고 지루한 시간이었다. 어떤 날은 옆자리의 환자가 코를 고는 소리까지 들어야 하는 고역을 겪기도 했다. 나는 지금까지 병원 침대에 누워 본 적이 없고 실제 병원 가기를 무척 싫어한다. 참지 못할 정도로 아프거나 대책이 없을 때가 되어서야 어쩔 수 없이 병원을 찾는 편이다.

    일 년을 무탈하게 보내나 했더니 작년 연말 발목을 다쳤다. 모교 정문 앞에 버스에서 내리면서, 인도에 내디딘 왼발이 미끄러지며 발목이 접질려지는 사고를 당했다. 차도와 인도 사이의 매끈매끈한 화강암 경계석 표면이 살얼음으로 덮인 것을 모르고 디딘 것이다. 왼손으로 인도를 짚어 다행히 넘어지지는 않고 버티긴 했으나, 내 체중과 책가방 무게를 발목이 버티기에는 무리였나 보다. 발목에 깊은 통증을 느끼며 연구동 가는 오솔길 계단을 절룩거리며 올랐다.

    가족들이 정형외과에 가서 진찰과 치료를 받으라고 성화였지만 며칠 쉬면 괜찮아지겠지 하는 마음으로 사나흘을 버텼다. 며칠 지났는데도 발목은 나아지지 않았고, 발목 복숭아뼈 부근과 발등이 붓고 걷기에 불편했다. 고집을 접고 정형외과에 가서 치료받기로 했다. 젊은 의사의 친절한 진찰 소견과 x선 촬영 결과로 물리치료를 계속하기로 했다. 부득이 걸어야 할 때는 압박 붕대로 발목을 고정하여 걷고, 가능하면 많이 걷지 말라고 했다. 물리치료 3주가 지나자 발목의 붓기와 불편함도 많이 좋아져서 걷게 되었다.

나는 청년 시절 이후 넘어져 본 기억이 별로 없지만 오래전 선명하게 남아 있는 기억이 하나 있다. 내가 근무하던 공대 건물은 관악산 줄기의 언덕배기에 있어 인도가 완만한 경사길이다. 이곳은 출퇴근 때나 점심 식사를 포함해서 적어도 하루에 한두 번 이상은 왕복해야 했다. 겨울에는 인도가 완전히 얼어 있어 미끄러지지 않도록 등산화를 신고 다녔다. 어느 겨울날 내리막길에서 순식간에 넘어져 엉덩방아를 찧었다. 너무도 창피하여 재빨리 일어나긴 했지만, '내가 넘어질 때가 다 있네' 하는 자괴감이 들었다.

두 번째 넘어진 사고는 서점에서였다. 이때는 60대 중반이었을 거다. 키가 높은 책장의 아래 칸을 보느라고 오랜 시간 쪼그려 앉아 있다가 일어서면서 뒤로 쓰러졌는데, 뒷머리가 책장과 부딪치며 다시 정신이 들어 넘어진 것을 알았다. 높은 책장이 넘어지는 나를 받쳐 준 셈이었다. 뒷머리에 큰 혹까지 생겨 병원에서 진찰 받았으나 더 이상 문제가 없다는 확인을 받았다. 책장이 없는 곳에서 그대로 뒤로 넘어졌다면 위급한 상황이 벌어졌을 것이다. 이

사건 후로는 수년 동안 넘어지거나 미끄러진 적이 없었다.

   사실 넘어지는 것은 예상할 수 있는 것도 아니고 부끄러운 일도 아니지만 넘어진다는 게 나의 부주의 탓으로 여겼다. 내가 아픈 것보다 남의 시선이 더 부끄러웠는지도 모른다. 넘어진다는 건 직립보행을 하는 인간의 어쩔 수 없는 운명이기도 하겠지만, 어찌되었든 나이가 들면 집에서나 야외에서나 넘어지는 사고를 가장 경계해야만 할 것 같다. 안전할 것만 같은 집안에서조차 바지를 입다 넘어져서 고생하는 사람도 있고, 화장실이나 침대에서 잘못 넘어져서 오랜 기간 고생하다 작고하는 지인의 이야기도 들었다.

   내게도 나이 들어가며 조심해야 할 일이 생겼다. 우선 넘어지지 않고 잘 걷는 일이다. 나는 '살아 있다는 의미의 첫 번째가 걸을 수 있어야 한다'고 생각한다. 여전히 마음은 청춘이어서 단축 마라톤도 할 수 있을 것 같고, 매사 못 할 게 없다는 식으로 서두르고 몰아치기도 하는 걸 보면 아직도 젊다고 착각하고 있다. 신년에는 더욱 조심하며 걷고 매일 만 보 이상 걷기 습관도 걸음 수를 조금 줄여야겠다는 생각도 해 본다. 발목이 접질려 불편했지만 물리치료로 회복할 수 있었으니 다행이었다.

   인생을 살며 한 번도 넘어지지 않는 것을 목표로 살 수는 없겠지만, 넘어지더라도 잘 버티고 다시 일어날 수 있는 여유 있는 자세를 끝까지 유지할 수 있기를 기대해 본다.

• 그린에세이, 2025.9-10.

유일한 이모님

앞으로 이모라는 호칭이 없어지리라는 위기감을 실감 나게 묘사한 글을 최근에 보았다. 이모 이외에도 삼촌, 고모 호칭도 멸종 위기 리스트에 추가해야 하리라. 그 글을 보며 나는 왜 그런 생각을 진작 못 했나 하며 나의 둔감을 탓했다.

어린 시절 한국전쟁 때에 부모님과 함께 평양에서 부산으로 피란했다. 부산에 삼 년여를 살며 초등학교에 입학하였고, 한 학기를 마치고 서울 청량리 한옥으로 이사하며 안암동의 새 초등학교로 전학했다. 부산 시절 어릴 적 사진이 몇 장 남아 있는데, 그중에 나를 매우 예뻐해 주시던 이모님과 단둘이 찍은 작은 흑백사진이 있다. 나는 겨울옷을 입었고 이모는 치마와 저고리를 입은 모습이다. 사진 배경이 사진관에서 찍은 듯하다. 나와 이모와는 나이 차가 열다섯이니 당시 스무 살 전후의 미인이셨다.

내가 초등학교 저학년 시절 청량리 집에서의 이모 약혼식과 반도호텔에서의 결혼식과 피로연이 기억난다. 이모는 맞선을 본 남자(후에 이모부)와의 데이트 자리에 나를 데리고 갔다. 맞선 이후

이 남자와 을지로 국도극장에서의 영화 관람에까지 나를 데려간 적이 있다. 영화 내용을 잘 모르고 너무 지루하던 나는, 아마도 흑백 애정 영화였겠지만, 떼를 써서 도중에 나온 기억이 있다. 결혼식 피로연에서는 가족들의 요청으로 어린 내가 '김삿갓' 노래를 불렀다. 짓궂은 하객들의 요청으로 신랑 신부가 사과 조각 한 개를 함께 입에 물게 하여 나누어 먹게 하고서는 박수 치며 즐거워하던 분위기도 기억난다.

친척의 중매로 이모를 만난 이모부는 약혼 시절에 직업 군인으로 육군 대위였다. 키가 크고 미남형이었다. 이모는 고등학교 졸업 후 그 시대에 드물게 직장생활을 한 신세대 여성이었다.

이모의 결혼 생활에 대해서는 어머니를 통해서 가끔 소식을 듣곤 했다. 이모는 결혼 후 보문동의 시댁으로 들어가 생활했다. 시댁에서 손위 동서와 함께 생활했고, 홀 시어머님이 서울 사람으로 보통이 아니라 했다. 식사는 가족들과 따로 하여 동서와 둘이서 부엌에서 먹는다고도 했다. 1950년대 후반에서 1960년~70년대이긴 하나 이런 심한 시집살이를 시켰던 모양이다.

다음에 들려온 소식은 이모가 신체적으로 임신할 수 없다는 얘기였다. 이모부는 밖에서 아이를 낳아 데려왔고, 어느 날 아침에는 집 대문 앞에 업둥이가 놓여 있었다는 황당한 소식도 들려왔다.

그후 이모부는 고혈압으로 쓰러져 병사하고, 이모는 딸 둘을 데리고 시댁에서 독립해 나왔다. 이모 나이 사십 대 후반일 거다. 다행히 시아주버니가 도와주어서 금호동에 자택을 마련할 수 있었고, 생계를 위해 숙박업을 하도록 도와주었다.

1980년대 초 내가 모교에 조교수로 발령을 받자, 이모는 금호동 동네에서 잘 아는 교인이 운영한다는 안경점에 나를 데리고 가서, '우리 박사님은 이제 금테 안경을 써야지' 하며 안경을 새로 맞춰 주었다. 이 안경은 얼마 가지 않아 안경테에 붉은 녹이 들기 시작하여 더 착용할 수 없었다. 이모에게는 이 사실을 말씀드리지 않았다.

이모는 교회에도 열심히 봉사하며 성실한 신앙인으로 사셨다. 이모는 낳지도 않은 두 딸을 열심히 키웠는데, 문제는 이들이 학생 시절부터 문제아로서 이모에게 많은 고통과 어려움을 주었다. 큰딸의 결혼과 이혼, 그리고 재혼 등 복잡한 소식이 들려왔고 사위의 사업 자금을 도와주다가 이모 재산이 탕진되어 집도 없어져 금호동을 떠나야 했다. 이모가 편찮으시다는 소식을 듣고, 둘째 딸과 함께 어렵게 사는 반지하 자택으로 위문차 방문한 기억이 있다. 나를 그렇게 반가워하며 고마워했다.

천성이 착하고 신앙심이 깊은 이모는 두 딸로 인해 마음고생이 컸고 마침내는 병까지 얻었다. 어머니는 이모에게 '조심해라. 네 자식도 아닌 아이들에게 속지 마라. 만년을 위해 집과 재산을 잘 간수해야 한다'라고 여러 차례 주의를 주었다 했다. 이모는 70대 초반에 언니인 어머니보다 먼저 작고하였으며 장례식에 아내와 함께 조문한 기억이 난다.

이모는 아무리 힘들어도 주위에 아쉬운 소리를 하지 않는 분이어서 나도 자세한 소식을 잘 모르고 있었다. 이모 관련 소식은 주로 어머니를 통해서 알았다. 이모가 어려운 시련을 겪고 계실 때 내가 적극적으로 돕지 못했음을 후회한다. 내가 자주 찾아뵙고 상의하고 주변을 정리해 드려야 했는데 말이다. 이 시기는 내가 교수 생활을 시작하며 업무가 많고 시간 여유가 없던 때이기는 했다.

앞만 보고 달리던 나의 그 시절이 지금 돌이켜 보면 후회되고 아쉬운 점도 많다. 왜 내가 좀 더 이모에게 관심을 가지고 자주 찾아뵙고 보살피지 못했을까 하며… 나를 예뻐해 주시던 이모님에게 많은 관심을 가지고 도와주고 배려해야 하는 시기를 놓친 듯하여 후회로 남아 있다.

지금도 '이모!' 하고 부르면 인자한 이모님이 나를 보고 따뜻한 미소를 머금으며 웃으시는 것 같다.

• 한국산문, 2024. 11.

일암(一岩) 이희근 교수님을 추모하며

필자는 이희근 명예교수(1935~2024)를 모교 자원공학과 학사과정에서 1968년 처음 만났다. 그는 필자보다 입학이 12년 선배였는데 대학 재학 중 사병으로 군에 입대하여 간부 후보생 장교로 복무하다 예비역 육군 대위로 예편했다 했다.

우리 학과 학생들은 그를 대통령이라는 별명으로 불렀다. 공대 불암제 축제 행사에서 일주일간 개최되는 체육대회에서는 항상 응원상을 받게 할 정도로 통솔력이 좋아서 학과의 상징이었다. 그는 학사과정 졸업 후에 일 년간 호남탄좌개발주식회사에 근무하다가 1971년 3월 대학원 석사과정에 입학하였는데, 이때 필자도 입학 동기가 되었다. 그 이후 그가 일본 교토대학에 박사과정 유학을 3년간 보내던 시기를 제외하고는 필자와 연구 생활과 교수 생활을 함께 지냈다 해도 과언이 아니다.

석사과정에 함께 입학하였을 때 그는 암석역학 전공으로, 필자는 응용지질 전공이었다. 당시는 학과 교수가 네 분뿐이어서 졸업 학점을 이수하기 위해서는 거의 함께 다른 전공 교과목을 이수

했다. 그는 누구보다도 성실하게 학업에 임했고 매우 열심이었다. 재학 중 1972년부터 2년여간 학과 유급 조교로 근무하며 1973년 2월 공학석사 학위를 취득하고, 1974년 3월부터 일본 문부성 장학생으로 교토대학에서 암석역학 전공으로 박사과정을 계속하였고 1977년 박사학위를 취득하였다. 국내로 돌아와 일 년간 공과대학 시간강사로 근무하고, 1979년 1월 조교수 발령을 받았다. 조교수로 취임했을 때의 나이가 44세로서 예외적인 일이었다. 주변에서는 모두 의지의 한국인이라고 평했다.

그가 학과 조교로 근무할 때의 일화 하나가 기억난다. 당시의 공릉동 공대 캠퍼스 5호관은 일제강점기 말에 지어진 경성광산전문학교 건물이어서 낡고 난방 시설이 불량하여 겨울에는 실내에서도 매우 추웠다. 그는 그 추운 겨울에도 공장형 실험실에서 냉수마찰을 하곤 하여 우리 동기생들을 놀라게 했다.

그의 군 복무 이력 또한 이채롭다. 공과대학 광산학과(다음에 자원공학과, 현재 에너지자원공학과로 변경) 입학 후 1년을 마치고, 학자금을 마련 못 해 학도병으로 입대하였다 한다. 학도병으로 일 년 반을 마치고 육군보병학교(갑종 장교 출신 보병학교)에 입학하여 일등으로 졸업하며 장교 생활을 계속하였는데 군 경력이 7년 이상이라 했다. 군생활 중에도 오직 서울대에 다시 복학해야 한다는 일념으로 지냈다 하였다.

이 교수님은 1979년 1월 모교 공과대학 자원공학과에 조교수로 임명되어 2000년 8월 정년 퇴임할 때까지 22년을 봉직했다. 필자는 대학원 석사과정 입학 동기를 시작으로 이 교수님의 일본 유학 생활 3년을 제외하면 학과에서 약 27년을 함께 지냈으며 교수 동료로서도 20여 년을 함께 했다. 지금도 1980년대 초반 조교수 시절이 기억난다. 주말에는 이 교수님과 함께 공대 젊은 교수들이 통닭-생맥주 내기 테니스 복식 시합을 하며 즐기던 시절이 그립다.

교수 재직 중 석사 48명과 박사 15명을 배출했고, 한국암반공학회를 1981년 창립하여 초대 회장(1981.8~1983.7.)과 제8대 회장(1995.4~1997.3.)을 역임했다. 이 학회는 현재 자원개발, 사회 인프라, 지하공간 개발 분야에 중요한 역할을 하는 암반공학 분야를 대표하는 학술단체로 자리매김하고 있다. 특히 국제암반공학회(ISRM, International Society of Rock Mechanics)의 아시아지역 암반공학심포지엄(ARMS'97, Asian Rock Mechanics Symposium)을 1997년 10월 개최하여 심포지엄 조직위원장을 역임했다. 이 심포지엄에는 27개국에서 364명이 참석하여 논문 168편이 발표된 바 있다.

이 교수님은 2001년 한국암반공학회의 일암상을 제정하여 2024년 현재까지 총 24명에게 수상되었다. 일암은 이희근 교수의 호이다. 매년 한국암반공학회지에 게재된 최우수 논문 저자에게 상금 일천만 원을 수여하고 있으며, 암반공학 분야에서 신진세대의 학술 활동을 장려하는 중요한 기능을 하고 있다. 필자가 알기로는 이 상의 기금을 이 교수님이 기부한 것으로 알고 있다. 또한 2019년 5월에는 본인의 아파트와 예금 전액을 기부하여 본인의 호를 딴 일암재단을 설립하여 연구비와 장학금을 지원하고 있다. 현재 자택이 있는 의왕 및 군포지역 고등학생 22명 내지는 24명에게 각각 격년제로 장학금을 수여하고 있다.

1994년부터 한국과학기술한림원 정회원으로 활동하였고, 2000년 정년 퇴임 후에는 원로회원으로 추대되었다. 한국지구시스템공학회(현재 한국자원공학회)에서 자원공학 분야 학술발전과 후진양성 공적을 기려 2003년 서암상을 수상했다.

정년 이후에는 취미 활동으로 문인화를 배우기 시작하며 서예 부문에 심취하였는데 아마추어 수준을 넘어 대한민국 서예공모대전에서 공모전 대상을 하였고, 한국전통서예협회 특선 등 총 10회 이상의 서예 작품 수상을 하고 한국서예진흥협회 초대작가로 선정되었다.

이 교수님은 2024년 2월 5일 작고하였다. 파란만장한 일생이었으나 제자들이 있어 행복했다는 사모님의 전언이 있었다. 이희근 명예교수님의 명복을 빕니다.

• 2024 서울대학교명예교수회보, 2025. 2.

2.
글 쓰는 마음 부자

글 쓰는 즐거움

고등학교 시절 국어는 내가 좋아하는 과목이어서 독서도 열심히 했다. 그 시절 탐독하던 을유문화사의 세로로 쓰인 세계문학전집이 기억난다. 오로지 공부와 독서만 하던 시기였고 공부 외에는 할 일이 없던 때였다. 국어 모의고사에서 항상 좋은 평판을 얻어 국어 선생님은 모의고사 후 가장 먼저 내 답안지를 채점한다 했다. 아마 이 시절이 많은 독서와 함께 글쓰기에 관심을 기울이게 된 계기가 아니었을까.

자신이 살아온 길을 돌아보며 기록으로 남기는 일은 보람 있는 인생 정리가 되지 않을까 생각한다. 사회적으로 유명한 사람이어서가 아니라 또한 자신을 자랑하려 하여서가 아니라 단지 나의 인생을 솔직하게 기록하는 고백 글쓰기처럼 여겨진다. 누구에게 꼭 보이려는 책이 아니라 나 스스로 고백을 통하여 가족에게 또한 친구와 지인에게 나의 인생을 보여주며 차분히 정리하는 일로 여겨져 자못 기대가 크다.

톨스토이의 자전적 소설인 『유년시대』 『소년시대』 『청년시대』

를 읽으며 나의 해당 시절을 되돌아보게 되었다. 모교의 명예교수 자서전 쓰기반(매주 2시간 12주 코스)에서 매주 한 편의 원고를 흔쾌히 즐겁게 쓰며 일말의 성취감과 기대를 가졌다. 또한 모교 명예교수협의회의 『나의 학문, 나의 삶』 단행본 발간사업에 참여하며 학문 교육과 연구 분야에서 같은 길을 가는 후학들에게 좋은 길잡이가 되는 원고를 작성한다는 즐거움도 있었다.

글쓰기는 여전히 어려워서 머리 안에서는 문장 내용과 구성이 뱅뱅 돌고 있으면서도 선뜻 글쓰기가 진행되지 않곤 한다. 때로는 적절한 표현 문구가 떠오르지 않아 며칠을 중단하곤 했다. 최근에 유명 수필가의 『유명해지지 않기로 했다』를 읽고 마음을 다잡으며 자제하려 애쓰고 있다. 한편으로는 수필을 작성하며 '어느 정도까지 나를 드러내야 하나' 하는 고민도 있다. 적어도 작가라면 자신을 다 보여주지 않으며 신비감이 있어야 하지 않나 하는 이중적이고 위선적인 생각도 한다

30대 초반에 연구생으로 처음 일본 도쿄에서 상당 기간 생활한 이후로 지금까지 해외여행 경험이 많은 편이다. 방문 국가도 40개국이 넘고 방문한 도시는 120여 곳이나 된다. 그동안의 학술 해외여행 경험을 정리한다고 하면서도 계속 늦어지고 있다. 단순한 관광여행이 아니라 연구자의 안목에서 방문지를 소개하는 여행산문을 작성하며 정리하는 일이 나의 중요한 과제로 남아 있다.

수필로서 독자에게 감동을 주려면 작가의 경험과 철학을 진실하게 노출해야 할 듯하다. 주변을 배려하며 조용하고 겸손하게 고개를 숙일 줄 아는 신비한 문인이자 작가가 되고 싶다. 수필에는

작가의 진실성이 문학적으로 스며들어야 하고, 본인이나 가족 자랑은 하지 말며, 다른 사람을 홍보거나 헐뜯는 글이 작품에 나타나서는 안 되리라 본다. 어떻게 하면 나를 속속들이 덜 드러내면서 재미있고 공감이 가는 나만의 글을 쓸 수 있을까 고민해 본다. 나의 글이 독자들에게 교훈적인 내용과 약간의 신비감이 전달되기를 기대해 본다.

• 현대작가, 2025 봄호

안경을 벗삼다

　미인 경연대회를 보면 안경 낀 여성은 없다. TV 방영에 안경을 착용한 아나운서나 주연 배우는 매우 드물다. 최근에 안경 낀 여성 아나운서가 깜짝 출연하여 '신선하다' 하였으나 곧 잠잠해졌다. 이 분야에서는 안경 쓰기가 허용되지 않으며 탈락 대상일 거다. 내가 청년 시절에만 해도 여성이 안경을 끼고 있으면 외모를 망친다며 결혼 상대자로서 기피 대상이었다.
　최초의 안경 착용은 13세기 후반 이탈리아에서라고 하며, 14세기 중반에 그려진 안경 쓴 추기경 초상화가 있다. 유리 렌즈로 초점을 맞추어 코에 걸고 귀에 고리로 걸치는 이런 안경을 누가 처음 고안해 냈을까. 필요성에 따라 물품을 고안해 내는 인간 창조 능력의 위대함이 보인다.
　최근에는 시력 보정을 위한 의학적 시술 방법이 있음에도 하지 않고 미루며 안경 쓰기를 좋아한다니 안경이 매우 보편화된 느낌이다. 유전적으로 정확한지 모르겠으나 부모가 시력이 나빠서 안경을 끼면 자녀들 대부분이 안경을 낀다고 알려져 있다. 내 경우만 하더라도 우리 부부는 안경잡이이고 세 자녀 모두 안경을 낀다. 최근 통계에 의하면 한국인은 두 명 중 한 명이 안경을 낀다고 하니 이제는 안경잡이가 자연스러운 현상이 된 듯하다.

내가 안경을 끼기 시작하기는 중학교에 입학하면서부터였다. 초등학교를 졸업하면서는 몰랐는데 시력이 많이 나빠져 있었다. 우리 집이 신설동에서 정릉동으로 이사하자 재학 중이던 종암초등학교가 너무 멀었다. 중학교 시험을 앞두고 6학년을 시작하며 제기동(지금은 없어진 성북 기차역 부근)에 한옥 전세를 얻어 일 년 동안 머물렀는데, 전등이 없는 동네였다. 이곳은 당시 전기 연결이 없어 등잔불을 이용했고 이때 시력이 나빠진 것이었다. 중학교 교실에서 내 자리는 비교적 앞자리였는데도 칠판 글씨가 명확히 보이지 않았다. 그때부터 평생을 안경을 끼고 살아왔다. 부모님은 두 분 모두 시력이 좋은 편이어서 안경과는 거리가 멀었다.

안경은 나의 제2의 눈이어서 보관에 주의해도 중고등학교 시절에는 운동하며 떨어뜨리거나 부러져서 다시 안경을 맞추는 수고와 경비가 만만치 않았다. 대학 시절에는 가정교사를 하며 주머니에 여유가 좀 있고 이성 교제를 시작하게 되자 얼굴 모습에 신경 쓰며 안경 대신 콘택트렌즈를 착용했다. 이 값비싼 렌즈를 대학 화장실 세면대에서 씻다가 배수구로 두 번이나 잃어버리고 나서는 렌즈 착용을 포기하고 다시 안경으로 돌아왔다. 렌즈 착용은 눈에 너무 심한 피로감을 주어 렌즈를 벗으면 시야가 뿌옇게 되던 기억이 있다. 남이 보기엔 단정하고 섬세해 보여도 본질은 아니었다.

안경과 관련해서 잊지 못하는 추억이 있다. 내가 모교에 조교수 발령을 받자 나를 아끼는 이모님은 동네에서 잘 아는 교인이 운영하는 안경점에 나를 데리고 가서 '우리 박사님은 이제부터 금테 안경을 써야지' 하며 안경을 새로 맞춰 주었다. 이 금테 안경은 얼마 가지 않아 안경테가 녹슬기 시작하여 더 착용할 수 없었다. 내 마음속으로는 '못 믿을 안경점이네' 하면서도 이모님께는 이 사실을 말씀드리지 않았다.

삼십대 중반에 아끼는 후배와 둘이서 방배동 카페 골목 주점에서 소주를 대작한 후였다. 덩치 큰 후배와 둘이서 소주잔을 빠르게 교환하고서는 만취해 택시로 귀가했다. 소주는 마시는 속도가 빠를수록 빠르게 취한다.

집에 도착하자 현관에서 아내는 '당신 안경은?' 했다. 나는 눈이 나빠서 일상생활에서 안경을 반드시 착용해야 한다. 그날 새로이 맞춘 거북한 안경을 택시에서 졸다가 놓고 내린 거였다. 눈을 잃어버리고도 모른 채 술에 취해 귀가했으니 두고두고 망신살이 컸다. 술을 마시고 나서도 거의 실수를 안 한다는 내 자존심에 치명적인 한 방을 먹은 셈이었다. 다음부터는 언제 어디서나 안경부터 챙기니 더 이상의 분실은 없었다.

오십 대 초반에 콧수염을 기르고 렌즈 색깔이 짙은 갈색인 안경을 썼다. 내 얼굴 외모를 바꾸어보려고 했다. 이 얼굴 변장은 가족으로부터 또한 주위 동료들로부터 어울리지 않는다는 핀잔을 받아 오래가지는 못했으나 사진 한 장으로 증거는 남아있다. 시도는 용감해야 하니 다시 시작해도 늦지는 않을 듯하다.

안경은 겨울철에 추위로 김이 서리는 불편이 있다. 특히 지난 코로나 사태가 맹위를 떨칠 때 안경과 마스크를 동시에 써야 해서 숨쉬기로 인한 김 서림이 매우 불편했다. 여름에는 더위와 땀으로 안경이 편하지는 않다. 나 같은 근시는 책이나 신문을 볼 때 안경을 벗어야 정확히 보여서 안경을 썼다 벗었다 하며 안경 보관에 신경을 써야 한다. 과격한 운동은 피해야 하는 등 행동도 조심해야 한다.

안경을 써서 좋은 점은 있다. 보행하며 주변을 보고 싶지 않을 때 안경을 벗고 걸으면 된다. 안경테와 렌즈 색깔을 바꾸면 새로운 모습으로 보이고 지적으로 보이는 이점도 있다. 남자들 사이에선 '너 제비 같아!'라는 뜻은 나쁜 의미가 아니고 '안경 제비(잡이)'라는 말이다.

그동안 육십 년 이상 안경을 착용해 왔으니 안경은 나와 함께 나이 든 셈이다. 이제 내 안경은 없으면 안 되는 신체의 한 부분이다. 그동안 나의 학창 시절과 연구생 시절, 교수 생활 시절 끊임없이 나의 눈이 되어 도와준 절친한 벗이었다. 내 삶을 이끌어 주고 나의 성장과 인생살이를 함께 한 동지였다. 나에게 이런 죽마고우가 있을까. 안경에 무한히 감사한다.

• 리더스에세이, 2025 신년호

글 쓰는 마음 부자

수년 전 어느 수필문예지에 원고를 게재했다. 편집장은 회원들이 작가를 잘 모르니 합평회에서 5분 이내로 자기소개 겸 덕담을 들려 달라 요청했다. 나는 "저를 스스로 알리고 싶지 않고 조용히 수필가로 지내면 됩니다"라고 대답하며 사양하였으나, 편집장의 간곡한 요청을 뿌리치지 못하고 다음처럼 소개했는데 그 전문을 현재 시점으로 수정한다.

「현대수필」(2014년 가을호)로 등단하였고 현재 한국문협 회원, 서초문협 부회장, 「계간현대수필」(과거 「현대수필」) 상임고문이다. 2018년 창간한 계간지 「여행문화」의 부주간으로 5년 이상 봉사했다. 2016년 11월 첫 산문집 『아쉬운 순간들 고마운 사람들』(문학관, 서울, 384쪽)을 출간한 이래 『평생의 인연』(2018), 『청년 연가』(2020), 『내 인생의 푸른 시절』(2022), 『살아 있다는 의미』(2024)를 발간했다. 등단 이후 여러 문예지의 이사로 참여하고 있으며, 「계간현대수필」 「리더스에세이」 「한국산문」 「한국수필」 「에세이스트」 「수필과비평」 「현대작가」 이외 여러 문예지와 동인지에 수필을 상재하고 있다. 이 작품들이 50여 편 모아지면 단행본으로 발간하는데 지금까지는 2년마다 한 권씩 간행하였다.

대학 시절부터 정년 퇴임할 때까지 50여 년간을 자원공학 분야에서 생활하여 문학에 대한 지식은 매우 부족하다. 그동안 다독을 통해 습득한 지식이 전부이고, 여러 선생님과 선배 문우들의 글쓰기 강좌에 출석하며 기초 이론과 글쓰기 훈련을 하여 왔다.

아침형이고 BMW(=Bus+Metro+Walking)를 즐긴다. 보통 오전 4시면 기상이어서 주로 글쓰기로 아침을 시작한다. 미술, 음악을 좋아한다. 도서 사기를 빨리하여 읽어야 할 책이 항상 밀려 있고, 일 만여 권의 장서를 가지고 있다. 여행과 여행기 쓰기를 즐기고 투고하기 좋아하여 여행 중심의 산문집을 출간하게 될 거다. 그동안 100여 회 이상 해외 출장과 여행을 다니면서 40개국 이상의 국가와 150여 개의 도시와 마을을 방문한 경험이 있다. 특히 유적지의 암석 관찰 기행을 즐긴다. 틈틈이 작성한 메모 노트와 사진을 합치면 무난히 한 권의 책자가 되지 않을까 기대하고 있다.

마음에 드는 사람들과 모임 자리를 잘 만들고 즐긴다. 본인 능력과 수준에서 사회와 이웃에 봉사하고 기부하며 도와주기를 기본으로 한다, 부동산이나 주식 등 경제에 관심을 가지고 경제신문을 열심히 읽으며 "투자와 투기는 다르다"고 주장한다.

고교나 대학 동창회와 친구 모임에 열심히 참석한다. 고등학교 졸업 50주년을 맞으며 기념문집(2016, 비매품, 548쪽)의 편찬위원장으로, 모교의 명예교수협의회회보(연간)의 편집위원과 편집위원장으로 봉사했다. 나이가 들수록 지갑을 빨리 열어 점심이나 택시비, 커피값을 잘 내주기, 결정하기가 반반으로 어려우면 일단 저지르기, 화가 나거나 성나면 소리 질러 야단치기, 너무 바쁘면 생각하고 반성할 시간이 없으므로 몇 분이라도 눈감고 휴식하기 등 의식적으로 여유를 즐기려고 노력한다.

말을 적게 하며 말하기 전에 한 번 더 생각해 보기, 너무 바쁘지 않기, 가능한 걷기, 작은 일에 욕심을 내다가 인격이나 신뢰·존경·믿음을 잃지 않기를 권유한다.

지인들과의 모임이나 덕담을 요청하는 자리에서, 또는 강의나 강연 자리에서 다음 세 가지 'What'을 자주 언급한다.

What is new today ?
What should I do next ?
What can I do for you ?

위의 세 문장의 뜻을 모르는 사람은 없겠지만, 이 각각의 질문에 맞게 처신하고 생활 속에서 습관화하기는 여간 어려운 일이 아니다. 오늘 새로운 사실이 무엇인가에 대해 답변하려면 적어도 어제까지 이루어진 많은 사실과 내용을 알아야 한다.

나는 누구인가, 나는 무엇을 좋아하고 잘하는가, 나는 어떤 사람이 될 것인가를 심각하게 생각해 보라고 권면하고 싶다. 취미 활동(예를 들면 독서, 글쓰기, 미술이나 음악 감상, 산책하기, 자전거 타기, 가벼운 운동 등)을 규칙적으로 즐김이 바람직하다.

인생에서 성공한 사람은 교양이 있고 주변을 배려할 줄 아는 사람이다. 성공한 사람이란 재물을 많이 모으거나 출세한 사람이 아니라는 말에 공감한다. 교양이 있다는 말은 독서를 좋아하여 역사와 문화 및 예술을 아는 상식이 있는 사람이다. 안중근 의사의 '하루라도 책을 읽지 않으면 입에 가시가 낀다 (말이 거칠어진다)' 라는 말씀이나, 톨스토이의 '인생에서 중요한 때가 바로 지금이며, 가장 중요한 일은 현재 하는 일이며, 만나야 할 중요한 사람은 현재 만나고 있는 사람'이라는 말씀을 좋아한다. 일생을 바쳐 할 일이 있는 사람은 행복한 사람이며, 교양이 없고 예술을 모르는 사람은 속물임을 잊지 말아야 한다. 높은 교육을 받고 좋은 지위에 있으며 재산이 많은 사람은 사회와 이웃에 대하여 의무와 책임이 있음을 알고 봉사와 헌신의 자세가 되어 있어야 존경받을 수 있다.

지난 세월 분망하게 살아오면서 부자 될 세 번 이상의 기회는 놓쳤으나 이제는 글을 쓰는 마음 부자가 되어 있다. 이제 5분이 다 된 듯하다. 문우들의 건강과 행운을 기원하며 인사를 마친다.

• 현대작가, 2025 가을호

달력 사랑

오랜만에 일력을 볼 수 있었다. 지난 연말에 발목이 접질려져 물리치료차 정형외과를 거의 한 달간 매일 방문하였는데, 병원 건물 현관에 큰 괘종시계와 함께 일력이 걸려 있었다. 일력을 본 지 얼마 만인가. 내가 젊은 시절에는 벽에 거는 일력이 있어 매일 한 장씩 떼어 내고 그 종이는 화장실에서 사용되곤 했다.

'달력(calendar)'이라는 말은 라틴어로 '흥미 있는 기록' 또는 '회계 장부'라는 뜻의 '칼렌다리움(calendarium)'에서 유래되었다고 한다.

기원전 3000년경에 고대 이집트에서 태양력이 사용되었다. 태양력은 1년을 365일로 나누었고, 이 달력은 나일강의 범람 주기와 밀접한 관련이 있었다 한다. 농업과 종교 생활 계획에 사용하였다. 이 달력을 고안해 낸 사람은 얼마나 천재일까.

'계절의 표준이 되는 24절기는 중국 베이징이 있는 허베이 지방을 중심으로 만들어져 우리나라 풍토와 잘 맞지 않는다'는 기사를 읽은 적이 있다.

'가족의 강녕을 기원하는 2025년 달력을 배부합니다. 선착순 50명입니다'라는 광고 문구를 보고 웃는다. 요즘은 달력 구하기가 그리 만만치 않다. 그동안은 기업체들이 매년 달력을 만들어 제공해서 귀한 줄 몰랐는데 요즘은 달력 구하기가 그리 쉽지 않다. 벽에 거는 대형 달력은 드물고 책상에 놓는 달력이 많다. 특히 3개월이 한 장에 보이는 대형 벽걸이 달력은 구하기 힘들다. 나는 다행히 교내 농협은행에서 매년 서비스로 쉽게 기증받고 있다. 이 은행은 매년 세 종류의 달력을 기증한다.

그동안 대학발전기금을 기부한 덕택에 모교에서 매년 달력을 보내온다. -책상 달력, 일 개월 벽걸이 달력 등. 그중에도 가장 고급스러운 달력이 있다. 가격이 거의 4만 원대이다. 나는 이 달력을 VIP 선물용 달력이라고 부른다. 이 달력은 월력이며 매월 올려진 그림이 모교 규장각과 박물관에 보관된 동양화와 서예 등 국보급 작품들이다.

2025년 달력은 전체제목이 가회(嘉會, 아름다운 옛 모임)이고, '옛사람들은 반가운 사람들과 모인 자리가 예(禮)에 합치되는 아름다운 모임이 되기를 소망하였습니다. 달력에 실린 그림들처럼 한 해 동안 참석하게 될 각양각색의 모임들이 저마다 아름다운 모습으로 기억되기를 기원합니다'라는 멋진 설명이 붙어 있다.

오십여 년 전 오랜 기억이다. 모교의 조교 시절 학과의 최고 원로 교수님이 경기도 덕소 부근의 개인 소유 농지로 나를 데리고 갔다. 그날 측량할 일이 있는지 줄자를 준비하라 했다. 이 교수님은 조선시대 말기 지체 높은 분의 후손이라는 소문이었는데 토지 소유가 매우 컸다. 토지 관리를 하는 농가를 방문하며 미리 준비해 간 벽걸이 달력(한 장에 12개월이 다 있고 음력 절기까지 나와 있는 그림은 없는 모조 용지 절반 크기의 달력)을 하나씩 나눠 주었고 받는 농부는 감사해했다. 달력이 귀한 동네인가 할 정도였다.

나는 매년 대학 학과 동기들 부부 동반 송년회 자리에 모교의 달력을 선물로 준비해 간다. 매우들 좋아하며 거실에 걸어 놓고 자랑한다고 한다. 아마 이 선물은 내가 죽을 때까지 계속될 것이고 동기들은 당연시할 거다. 한 친구의 말이 걸작이다. 거실에 이 달력을 걸어 놓으면 손님이 와도 주인이 명문대 출신임을 보여주기 때문이라고. 어떤 친구는 달력 두 개를 요구하기도 한다. 한 개는 자택에 또 한 개는 입시생이 있는 자녀에게 준다며. 손주들에게 열심히 공부하여 할아버지처럼 명문대 가라고 잔소리할 필요 없이 은근히 압력을 준다고 하여 웃었다.

수년 전부터 핸드폰 화면에 달력이 뜨고 개인 일정과 메모를 하니 달력과 수첩의 효용성이 떨어지고 있다. 그래도 나는 집안 거실과 방에 달력을 걸고 책상머리에 작은 달력을 두세 개씩 놓고 있다. 나보고 구식이라 한들 내가 좋아 달력을 여기저기 놓아두는 취미를 어찌 버릴 수 있겠는가.

• 문장, 2025 여름호

아파트 입주기

봉천동에서 8년을 지낸 후 1988년 봄에 서초동 현재의 아파트를 분양받아 이사했다. 거실과 안방과 작은 방 2개가 딸린 아파트이다. 작은 방 한 개는 나만의 서재 공간이 되었고, 정년퇴임 후 수필가 등단과 함께 자칭 '작가의 방'으로 이름을 지었다. 이 집에서 자녀 삼 남매를 모두 출가시켰다.

　이 아파트 분양에 얽힌 일화가 있다. 당시에 분양 신청자가 너무 많아서 입주자 당첨에는 떨어졌는데, 분양을 포기하는 입주자를 대신할 예비 당첨자 순서가 140번대여서 입주 가능성이 거의 없었다. 이 시기에 아파트 분양을 받자마자 분양권을 매매하는 투기꾼들이 많아지자 정부에서는 엄격하게 세금을 추적하겠다 하여 포기하는 당첨자들이 많아졌고 내 차례까지 분양 차례가 왔다.

　문제는 다음이었다. 분양 신청금을 처음 내고 만 2년간 3개월마다 중도금을 수백만 원씩 내는 일이 보통 어려운 게 아니었다. 대학 내 은행에서 특별 융자 혜택을 받아 중도금과 잔금을 완납하며 힘들게 입주할 수 있었다. 지금 돌이켜 보면 그렇게 무리한 시기를 버텨내고 나서야 내 집을 마련할 수 있었다는 추억이 남아있다. 아파트 매입에 주변 도움이나 경제적 지원은 기대할 수 없었다.

결혼 후 반년은 정릉 부모님 댁에서 살았다. 그곳에서 소년-청년기 시절 이십여 년을 보냈다. 1976년 초여름 다행히 부모님 댁과 가까운 미아동 부근 임대 아파트로 분가했다. 이 아파트는 입주할 때 일정 금액을 입금하고 매달 임대료로 십여 년 납입하고 나면 본인 소유가 되는 아파트였다. 한국주택공사 아파트로 11평이고, 구공탄으로 개별 난방을 하던 5층 아파트의 4층이었다. 방 두 개와 부엌, 샤워실로 신혼부부에겐 지낼 만했다.

이 시기에 나는 대학원 박사과정 연구생으로서 학과 조교로 2년 근무하고, 박사학위 취득 전후 2년간은 시간강사여서 경제적으로 여유 없던 어려운 시절이었다. 일 년에 7개월 정도 시간강사 수입이 있었으나 용돈 수준에 불과했고, 방학 중에는 수업이 없어 학원 강사로 나가 보충하곤 했다. 내 수입은 매월 임대료로 지불되었고 아내의 연구소 임시직 연구원 수입으로 생활했다. 1970년대 후반기에는 이미 아이 둘의 가장이었다. 장모님이 아이 둘을 돌보아 주지 않았더라면 대단히 힘든 시절이었을 거다. 내가 재학하던 대학이나 아내의 연구소 직장은 다행히 집에서 그리 멀지 않았다.

모교가 종합화 계획으로 신림동 관악캠퍼스로 이전하게 되자 미아리에서의 출퇴근이 만만치 않았다. 버스로의 교통 시간이 편도에 거의 두 시간이 걸리는 거리였다. 1980년 초 봉천동-낙성대

입구에 있는 아파트로 이사했다. 이사를 도와주던 대학원생들과 연구실 후배들이 기억난다. 요즘 같으면 선생님 개인 이사에 학생들을 동원하였다고 인터넷 댓글에 올랐을 거다. 언덕배기 중턱의 20평형대 소형 아파트로서 남향이고 10여 분 걸어 내려가면 버스와 지하철을 탈 수 있어 그런대로 편리했다.

  최근에 입주한 지 36년 만에 아파트 내부를 처음 수리했다. 막내딸이 박사학위 논문 준비와 함께 어린 딸(손녀)을 우리 집에 수시로 데려와서 주말을 지내야 했다. 내부 수리가 전혀 안 된 상태에서는 손녀를 맡길 수 없다며 완강하게 수리를 요청했다. 수리비는 모두 자기네가 부담한다는 거였다. 적어도 한 달 동안 집 내부를 완전히 비우고 숙식도 외부에서 해야 하는 불편함이 있어, 벽지 도배 정도로 하려고 했으나 막무가내였다. 좀 더 깨끗한 실내에서 살고 싶어 하는 아내와 딸과 사위의 완강한 내부 수리 제안으로 아빠는 무조건 양보하라 했다. 수리 후 내부가 완전 흰색으로 바뀐 산뜻한 환경과 잡다한 가구 모두를 치워 버려 넓어진 공간이 지금은 흡족하긴 하다.

  한 장소에서 38년여를 살았어도 계절에 따른 주변의 변화를 즐기지 못했는데, 수리한 후 베란다 창문 밖 풍경이 즐거움을 주고 있다. 비가 온 다음 날의 높고 푸른 맑은 하늘이 특히 좋다. 봄의 초록 풍경과 만개한 봄꽃들, 한여름의 매미 우는 소리, 가을의 은행나무들 단풍, 한겨울 아침의 눈이 온 풍경 등이 언제나 신선하고 생활의 보람을 준다.

  지난 38년 동안 이사 한 번 하지 않은 나를 대학 동기들은 교수

답다고 칭찬한다. 나는 집안의 이사와 가족의 경조사가 가장 스트레스를 준다고 말한다. 경조사는 어쩔 수 없이 치르는 대사이나 이사는 선택의 문제이다. 이사로 인해 많은 시간과 경비를 소비하고 신경을 써야 하는 일이 적절치 않다. 나는 여전히 하루하루가 아깝고 할 일이 많다고 자부한다. 책을 읽을 수 있고 글을 쓸 수 있으며 휴식할 수 있는 공간이 있으면 충분하다고 여전히 고집하고 있다.

• 현대작가, 2025 여름호

웰다잉

최근 연로한 유명 연극배우가 자신의 가상 장례식을 했다. 그 자리에 배우로서 그녀가 평생을 살면서 인연을 맺은 각별한 지인 150여 명을 초대했다. 30대의 젊은 동료 배우도 있었다. 예고도 없이 황망하게 이 세상을 떠나면 자신을 평생 아끼고 사랑했던 지인들이 슬픔 가운데 빈소에 와서 눈물짓는 쓸쓸함 대신에, 살아 있을 때 그들과 만나 즐겁게 이별을 준비하고 싶다는 의미였을 것이다.

초대장에는 '우리가 이 세상에 한 번 왔다 가는 길인데, 서로의 이별을 슬픔과 눈물이 아닌 축제처럼 기억되기를 바랍니다. 마지막으로 들었던 나의 목소리, 내가 좋아했던 대사, 오래된 이야기와 가벼운 농담, 우리가 그동안 살면서 함께 웃었던 순간을 안고 오세요'라고 쓰여 있다. 장례식은 강릉 바닷가 촬영지에서 일박이일 간 축제처럼 진행되었다.

사람이 태어나서 부모의 지극한 보살핌을 받고 어린아이가 쑥쑥 자라는 희망찬 시절이 있다. 아이는 온갖 시련을 견디고 성년

이 되어 사회와 가정에서 책임을 다하는 중년과 장년으로 변한다. 세월이 지나면 어느새 노년에 이르고 모두가 죽음이라는 문 앞에 도달하게 된다. 그 순간을 맞게 되었을 때 의연하게 받아들일 것인지 허둥지둥 부정하며 슬픔과 회한으로 미지의 세계로 끌려갈 것인지는 각자의 몫이다.

여배우의 심정을 나는 두 가지 점에서 공감하였다. 하나는 배우라는 직업인으로서 주변 지인들의 존경을 받고 있을 만큼 믿음과 신망을 주었다는 점이다. 또 하나는 언젠가 그녀가 실제로 작고하게 되면 주위에 전혀 알리지 않고, 가족들과 조용히 인사를 나누고 임종을 맞이할 것 같았다.

대학생 때 작은할아버지 장례식이 있었다. 그 당시에는 가정집에서 대부분 3일 장으로 장례식을 치렀다. 남편이 돌아가셨는데 부인인 작은할머니는 곡(哭)을 하지 않으셨고, 특별히 어두운 표정도 짓지 않으셨다. 문상객들과 고인의 이야기를 나누면서 간간이 웃음을 짓기까지 했다. 연세가 많으셔서 천수를 다 누리셨다고 생각했는지, 위로의 말로 하는 호상(好喪)이라고 여기셨는지는 알 수 없지만, 작은할머니는 매우 강인하며 멋진 분이었다.

나의 부친은 뇌 질환으로 11년, 모친은 치매로 거의 5년 동안 병상에서 편찮은 상태로 고생하시는 모습을 장남으로 지켜보았다. 건강을 잃고 세상에서 고립되어 살아야 하는 노년의 삶이 매우 안타깝고 불행하게 여겨졌다. 기본적인 모든 걸 타인에게 의지해야 하는 환자 본인은 두말할 것도 없고, 가족들은 또 얼마나 힘든 시간이었던가.

노년에 이르러서는 건강을 위해서 나의 노력으로 할 수 있다면 최선을 다하려 하고, 마지막까지 가족들에게 피해를 주지 않기를 바라고 있다.

내가 살아 있다는 의미는 우선 걸을 수 있을 때다. 가까운 지인과 제자들과 함께 마지막으로 한 끼 식사를 즐겁게 하며 유종의 미를 거두고 싶다. 초대 손님은 가까운 지인들과 내가 학자로서 열정을 바쳤던 대학 연구실에서 만났던 제자들이다. 어림잡아도 수십 명은 될 거다. 그동안 배려하고 도와준 인연에 감사하고 싶다. 그 자리에서 내가 발간한 산문집을 나누어 주어야겠다.

내가 죽으면 아이들에게 간단한 문자를 올리면 될 것이다. 무엇보다도 주위 사람들을 힘들게 하지 않게 하고, 나는 휴식을 취하듯 먼 여행을 떠날 수 있기를 바란다. 웰다잉(well dying)을 맞이하는 것이 나의 소망이다. 우리는 삶을 언제 어떻게 마감할지 알지 못한다. 살아 있는 동안은 건강하게 삶을 누리고 싶다.

모교에서 정년 퇴임 후 명예교수연구동에 자리를 얻어 주중에 매일 출퇴근하고 있다. 외부에 특별한 회의나 행사가 없으면 아침 일찍 출근한다. 나이 80이 되면 후배 교수들에게 내 자리를 양보할 것이다. 그전에라도 연구동 오르는 숲속 오솔길 50계단을 한 번에 오르지 못하는 상태가 오면 연구실을 비워 줄 것이다. 최근에 나이 80이 되신 영문학 전공 시인인 명예교수님 한 분이 건강하신데도 후배 교수에게 자리를 양보한다며 퇴실했다.

나를 돌아보게 된다. 먼저 정리해야 할 일이 산처럼 쌓여 있다. 특히 만여 권에 달하는 장서가 제일 문제이다. 평생 모은 책들이

지만 필요한 기관이나 개인에게 기증하고 싶다. 대학에서 정년 퇴임하며 내 전공 분야의 후임 교수에게 비교적 최신 원서들은 대부분 넘겨주었다. 남는 것들은 폐기 처분해야 할지 모르니 내가 정리해야 한다.

누군가에게서 '평생 애지중지 책을 끼고 살더니, 역시 정리도 잘하고 가셨네'라는 소리를 듣게 된다면, 내게는 더 이상의 칭찬은 없을 것이다.

• 한국산문, 2025.9.

혼신의 글쓰기
◦ 김윤식의 한국현대문학사

서울대학교 규장각 한국학연구원에서 고 김윤식(1936~2018) 교수의 특별전 〈혼신의 글쓰기〉가 작년 10월 1일부터 3개월간 개최되었다. 규장각 한국학연구원은 세계기록유산으로서 조선시대 규장각을 계승하여 그동안 우리나라의 기록문화의 가치를 소개하는 전시를 개최하여 왔다. 이번에는 현대 한국학 연구를 조명하는 〈김윤식의 한국현대문학사〉를 전시하였다.

김 교수는 한국 문학계를 상징하는 큰 인물이다. 그는 한국 현대문학 연구와 비평 분야에서 우뚝한 성과를 남기고 있다. 그의 성실한 글쓰기 한평생은 한국현대문학 연구를 앞서 이끌고 계시적 비평안으로 한국문학의 새로운 길을 열었다고 알려져 있다. 한 연구자의 평생에 걸친 성실하고 치열한 글쓰기 인생을 조명하는 이 전시를 나는 수차 관람하며, 김 교수의 일생과 업적을 부러워하고 교수로서의 그의 뛰어난 성과와 업적에 경의를 표하고 있다.

전시장은 제1부 시간-책의 연대기, 제2부 행위-읽고 쓰고 가르치기, 제3부 공간-김 교수의 서재로 구성되어 있다.

제1부 〈시간−책의 연대기〉 김 교수는 『한국근대문예비평사 연구』(1973)에서 『문학사의 라이벌 의식 3』(2017)까지 44년간에 걸쳐 단독 저서로만 151권의 책을 발간했다. 공동 저자인 책까지 포함하면 200여 권이 넘는다. 일 년에 평균 4~5권의 책을 집필한 셈이다. 김 교수는 다양한 양식과 문체의 글쓰기를 시도했다. 전시장에는 김 교수가 발간한 저서들이 연대별로 전시되어 있다.

1970년대에 김윤식의 한국현대문학사의 기본 틀이 마련되었다. 한국현대문학사 전체를 대상으로 하는 연구가 비로소 열렸다. 1980년대에는 이광수, 염상섭, 임화 등 문제적 작가들의 평전 저술 문학사상 연구에 주력하며 현장 비평집을 많이 내고 다양한 문학예술 기행서를 출간했다. 1990년대에는 평전 서술, 문학 사상 연구를 계속하며 북한 문학에까지 연구 범위를 넓히고, 해외 한국학대회에서 발표한 논문을 묶어 간행했다. 2000년대에는 학병 세대의 체험적 글쓰기와 일제 말기 이중어 글쓰기, 해방 공간 민족 문학 글쓰기를 연구하고 자신의 문학 평생을 회고하는 글도 발간했다. 2010년대에는 경쟁 관계로 문학사를 파악하는 문학사의 라이벌 시리즈(『문학사의 라이벌 의식(2013)』)를 발간하고, 이상 연구를 결산하는 저서를 발간했다. 또한 학병 세대 작가 연구의 일환으로 이병주 연구서를 발간했다.

제2부 〈행위−읽고 쓰고 가르치기〉 자신의 시간을 충실하게 가꾼 김윤식의 삶은 빛나는 글로 결실되었다. 불후의 문장이라는 글이 있듯 좋은 글은 저자보다 오래 산다. 60년 문학 한길이 낳은 김윤식의 글들은 아주 오래 살아 뒷사람들의 앞을 밝혀 줄 것이다.

제3부 〈공간−김 교수의 서재〉 서재를 실물 그대로 전시하고 영상 자료(4분 23초)를 보여 준다. 김 교수의 서재 테이블에 앉으면 그의 외로운 고투와 창조적 생산의 환희를 그의 내밀한 숨결을 느낄 수 있다. 서대문구 냉천동 2층 서재와 용산구 서빙고동의 13층 서재 구석에 놓였던 김 교수 저술의 그 자리. 김 교수는 47년(1971~2018) 동안 이 좁은 공간에 자신을 가두고 치열하고 외로운 문학 일로를 걸어 왔다.

전시장에는 김 교수의 강의 노트, 깨알 같은 글씨의 메모 노트와 작성한 원고지 등이 전시되어 있다. 해외 한국학자들과의 교류와 우리 문학을 해외에 알리는 큰 힘과 활동 기록들이 남아 있다.

김 교수는 1936년 경남 김해시 출생이다. 이 시기는 김동리의 소설 『무녀도』 『황토기』가 발간된 때이다. 서울대 사범대학 국문과를 졸업(1959)하고 대학원 국어국문학과를 졸업(1962)했다. 1962년 현대문학에 〈문학사 방법론 서설〉 〈역사와 비평〉으로 평론가로 데뷔했다, 1965년에 박사과정 수료하고, 1968년에 서울대 교양과정부 전임강사로 취임했다. 이 교양과정부는 당시 공릉동의 공대 캠퍼스에 있었는데, 이 시기에 나는 이미 공대 재학 중이어서 신입생을 대상으로 한 그의 강의를 듣지 못했다. 1973년에 『한국근대문예비평사 연구』를 발간했다. 1979년에 인문대 교수로 승진했고 2001년에 서울대에서 정년 퇴임하고 명지대 석좌교수로 취임했으며 대한민국 예술원 회원이 되었다. 2003년 만해대상 학술상을 수상했고 2009년 '동아시아문서 100'에 『한국근대문예비평사 연구』가 선정되었다. 그는 2015년 9~12월 한국

현대문학관에서 〈읽다 그리고 쓰다〉전을 개최했는데, 나는 이 전시 참관을 못 했음이 유감이다. 김 교수는 2016년 '자랑스러운 서울대인 상'을 수상했으며 2018년 10월 작고했다. 2022년 10월부터 제1회 '김윤식학술상' 수여가 시작되었다.

그는 젊은 교수 시절인 1974년 1월 '유신헌법 개헌을 위한 문학인 61 선언'에 서명하고, 카프문학 연구 관련으로 보안사와 중앙정보부 조사를 받기도 했다.

작고한 김 교수를 대신하여 사모님(가정혜 여사)은 2020년 3월에 13억 원 상당의 부동산을 서울대 국어국문학과의 국어연구소에 쾌척하였다. 또한 2019년에는 한국문화예술위원회를 통해 국립한국문학관에 30억 원을 기부한 바 있다. 사모님은 '피땀 흘려 원고를 쓰고 번 돈을 쓰지도 않고 근검절약하며 책과 씨름한 남편의 모습이 여전히 생생하다. 이러한 유산을 한 푼도 쓸 수 없다고 생각하여 재산을 기부하기로 결심한 것'이라 했다. 내로남불형 인사들이 많은 이 시대에 실로 모범적으로 행동하는 지성인의 모습을 볼 수 있다. 나는 김 교수의 성실하고 끊임없는 읽기와 혼신의 글쓰기, 누구도 따라가기 힘들 정도의 문학적 아이디어와 왕성한 창작 능력과 그 결과물인 저서를 관람하며, 앞으로 이런 탁월한 문학평론가이며 연구자인 교수를 이어줄 유능한 문학인이 나올 수 있을까 하는 기대감을 떨칠 수 없었다.

• 한국수필, 2025. 2.

북 토크쇼*

◦『살아 있다는 의미』(2024, 마음풍경, 235쪽)

〈질문 1〉- 작가는 인생 이모작이라고 할 수 있는 글쓰기, 즉 수필을 쓰게 되면서 얻게 된 긍정적 성과는 무엇이라고 생각하십니까?

작가는 '서초문학상'(2023) 수상 소감에서 다음과 같이 밝히고 있습니다.

"저는 오십 년 이상을 자원공학 분야의 연구생과 교수로 재직하다 정년을 했습니다. 수필가로 등단한 지는 올해로 십 년이 되었습니다. 공학도인 제게 글쓰기는 여전히 어렵습니다. 저는 최근에 어느 수필가의『이제 유명해지지 않기로 했다』라는 책을 읽고 느낀 바가 있었습니다. 저는 누구에게 잘 보이기 위해서나 명성을 얻기 위해서 글을 쓰는 것이 아닙니다. 그러므로 글을 잘 쓰려는 욕심을 버리고, 꾸준히 나의 생각을 글로 옮기려고 애쓰고

---

* 에세이스트 작가회의 서울지회의 출판기념회 및 북토크 쇼(2024.12.20.)에서의 질문과 답신. 질문-전이순 작가, 답신-전효택 저자.

있습니다."

그럼에도 글을 쓰면서 고민하게 되는 부분은 어느 정도까지 자신을 드러내야 하는가 하는 문제입니다. 혹자는 자신의 내면을 들여다보고 객관화하면서 인간 전모를 이해하는 수필 장르의 특성상 나의 모든 면을 드러내야 한다고 주장하기도 합니다. 그러나 작가라면 자신을 다 보여주지 않으면서도, 어느 정도 신비감을 유지하여야 한다고 생각합니다. 이중적이고 위선적이라 할 수 있겠지만 제 생각은 그렇습니다.

저는 살아온 길을 돌아보며 기록으로 남기는 일은 자신에게 매우 의미 있다고 생각합니다. 사회적으로 유명하다거나 나의 삶이 자랑스러워서가 아닙니다. 삶을 돌아보고 정직하게 나의 이야기를 글로 쓰는 과정에서 회한과 후회를 할 때도 있지만, 글을 쓰는 중에 나의 삶이 꽤 질서 있게 정리되어 가는 느낌을 갖게 됩니다. 그런 의미에서 나의 글은 매우 고백적이고 사실에 근거한 솔직한 내용들이 다수를 이루고 있습니다.

〈질문 2〉- 작가는 〈살아 있다는 의미〉를 어디에서 찾으시는지요?

"걸을 수 있고, 가족과 지인들에게 폐를 끼치지 않으며, 남을 배려하고 도와줄 수 있으며, 자신이 좋아하는 일이 있고, 그 일을 즐기며 살 수 있을 때"라고 생각합니다.

『살아 있다는 의미』에서 작가는 건강 유지 비법으로 매일 레몬을 섭취하고, 소금물로 가글을 하며, 버스와 지하철을 이용하고 매일 만 보 걷기를 실천합니다.

평생 학생들을 가르치는 직업이었지만, 은퇴 후에는 남에게 덕담이나 충고를 되도록 하지 않으려고 합니다. 좋은 뜻으로 가까운 사람이나 제자에게 충고한다고 해도 듣는 쪽에서는 잔소리로 들릴 수 있기 때문입니다. 상대에 대한 사랑과 관심이 줄어서가 아니라, 덕담이나 충고는 사회적으로 존경받는 분이나 완벽한 생활자들이나 할 수 있다고 생각합니다.

다만 지금까지 비교적 건강을 유지하고 있는 것에 만족하고 있습니다. 그런 건강 유지 비법을 공유하고, 그들도 건강한 삶을 살아갈 수 있도록 격려할 때 매우 보람을 느낍니다. 마음가짐으로는 물질적으로나 정신적으로 욕심을 부리지 않고, 상식적인 선에서 합리적으로 사고하려고 노력합니다. 작은 일에 욕심을 부리다가 인격이나 신뢰와 존경을 한순간에 잃게 되는 경우를 많이 보았기 때문입니다.

노년에 이르면 스스로에게나 타인에게도 부정적인 이미지를 갖게 되기도 하지만 반대로 지혜롭고 신뢰감을 준다는 긍정적인 면도 있습니다. 체념하고 포기하기보다는 아직도 할 일이 있고 경험에서 얻은 여유를 가지고 생활한다면 그리 나쁠 것도 없다고 봅니다. 톨스토이도 인생에서 중요한 시기는 바로 지금이며, 가장 중요한 일은 현재라고 했듯이 지금의 생활에서 행복을 찾는 자세로 삶의 의미를 찾고 있습니다.

〈질문 3〉- 평생을 살면서 누구에게나 '인생의 푸른 시절'이 있을 것입니다. 하지만 많은 사람들이 모르고 지나가기도 하고, 자신에게는 그런 시절이 없었다며 쓸쓸해하기도 합니다. 교수님은 그런 시절을 추억하고 네 번째 산문집에서 제목으로 뽑을 만큼 행복하게 기억하고 계십니다. 또 그 시절이 밑거름이 되어 학자로서 제자들에게도 좋은 모범이 될 수 있었다고 하셨습니다. 학자로서 매우 행운이었다고 생각합니다. 운도 실력이라는 말이 있습니다. 경제적 어려움 없이 마음껏 공부할 수 있었던 기회를 인생의 푸른 시절로 기억하고 계신 교수님이 존경스럽습니다. 독자로서 교수님의 저서를 대부분 읽은 소감은 스스로에게는 '성실함'이며 타인에게는 '배려심'이었다고 여겨집니다. 거대한 나무의 몸체를 이루듯 두 가지 사상은 굵고 튼실하였습니다. 독자로서 문우로서 오래도록 함께하기를 소망합니다.

〈내 인생의 푸른 시절〉- 청년 시절부터 지난 50여 년을 회고해 보면 30대 중반 영국 런던에서의 일 년은 특히 내 푸른 전성기였습니다. 당시는 나 홀로 생활하는 젊고 건강한 자유인이었고, 체재비를 두 재단에서 받고 있어 경제적으로 여유가 있었습니다. 오랜 역사와 문화 전통을 지닌 나라의 세계적인 대학에서 내가 원하는 주제로 연구 생활에 전념할 수 있었고, 비싼 전공원서들을 구입하기에 어려움이 없었습니다.

그 시기에 습득한 새로운 학술연구 지식과 경험은 교수 생활의 밑거름이 되었습니다. 나는 지금까지 '내 전성기가 언제였지' 하고 자문하면 서슴없이 '런던에서의 일 년'이라고 떠오르니 내 인생의 푸른 시절이었음이 확실합니다.

• 북토크 쇼와 출판기념식(2024.12.20.)에서 낭독한 원고는 다음의 〈마지막 가는 길〉임.

마지막 가는 길

최근 신문에서 전 네덜란드 총리 부부가 동반 안락사를 택했다는 기사를 읽었다. 두 사람은 모두 93세로서 함께 70년을 해로했다. 남편은 뇌출혈, 아내는 합병증으로 고통을 받고 있었다. 네덜란드, 벨기에, 룩셈부르크, 스페인 등이 이 안락사 제도를 허용하고 있음을 처음 알았다. 한국은 연명 의료 중단은 허용하나 안락사는 허용하지 않고 있다.

초등학교 고학년 시절부터 살기 시작한 정릉동 소형 영단 주택 옆집이 한의원이었다. 원장님은 5남매 중의 장남으로서 집안의 기둥이었다. 그는 원래 한의사였으나 뒤늦게 사립대 의과대학을 졸업하며 양의사 자격도 취득한 분이다. 그 한의원은 우리 집안 식구의 단골 병원이었고, 부모님과도 돈독한 이웃이었다. 원장님은 어머니와 비슷한 연배였고, 원장님 댁의 장남이 막내 동생과 동기여서 왕래도 잦았다. 원장님 부부는 독실한 기독교 신자여서 원장님은 장로로, 사모님은 권사로 봉사했다.

내가 대학원생 때 야구를 하다 일루에 진루하며 엄지발가락이 매트와 부딪쳐 그 충격으로 걷지 못해 한의원을 찾은 적이 있었다. 원장님은 내 양쪽 발에 전류를 흐르게 하는 전류계를 보이며 한의와 양의를 병용하여 치료해 주어서 곧 나았던 기억이 난다.

내가 결혼으로 인해 정릉 집에서 분가하면서 오랜 기간 원장님 병원을 찾지 못했다. 단지 부모님 상을 십 년 차로 치르며 인사차 두 번 들렀을 뿐이다. 원장님 아들도 의사가 되어 병원을 물려받았다는 소식과 사모님이 관절이 불편하셔서 걷기 힘드시고 다른 합병증으로 원장님이 은퇴하여 자택에서 사모님 간호에 집중하고 있다는 소문을 들었다. 수년 전 여름 어느 날 두 분이 함께 작고하였다는 소식을 들었다. 원장님이 88세, 사모님이 84세였다. 나는 원장님이 사모님이 작고하자 같은 날 죽음을 택하지 않았을까 생각하고 있다. 나는 그러한 상황을 충분히 이해하며 그럴 수 있다고 믿고 있다.

한 여성 소설가는 암이라는 최종 진단을 받자 암 치료를 거부하고, 한 달 정도밖에 남지 않은 생을 가족과 함께 보내며 주변을 정리하고 죽음을 맞았다. 죽음을 앞두고 생에 대한 애착과 자식들에 대한 사랑과 미련을 어떻게 견디었을까. 나는 가족이나 지인께 미칠 민폐를 걱정하기 때문에 연명 치료를 거부한다. 죽음을 맞으면서는 의연한 자세로 평소의 품위가 유지되기를 희망하고 있다.

친척 중 연로하신 여성 한 분은 혼수상태에서 입원해 산소마스크를 부착해야 했다. 병원에서는 더 이상 치료 방법이 없게 되자 집으로 퇴원하여 유리 상자 속에서 산소마스크를 부착한 채 반송장 상태로 수년을 연명하다 작고했다. 그동안 남편의 고충과 경제적 어려움을 나는 잘 알고 있다. 이 어르신은 작고 전에 산소마스크를 부착할 것인가 아닌가의 기로에서 다행히 장남과 가족의 결정으로 평온하게 잠드셨다. 실제로 내가 병중에 스스로 결정할 수 없는 이런 상황이 온다면 절대 산소마스크를 씌우지 말라고 이미 가족에게 단단히 당부해 놓았다.

나는 살아 있다는 의미를 '걸을 수 있으며, 가족들과 지인들에게 폐를 끼치지 않으며, 남을 배려할 수 있으며, 자신이 좋아하는 일이 있고 그 일을 즐기며 살 수 있을 때'라고 생각하고 있다. 조용히 편안하게 마지막 길을 가야 함에도 입원-퇴원을 반복하며 단지 생명만을 연장하는 모습이 편치 않다. 집안의 장남으로서 부모님의 장기간 병환을 겪으며 내게 남겨진 신념인지도 모른다.

그동안 글을 써오며 또한 독서와 사색을 통해 죽음이라는 문제에 대하여 비교적 담담한 편이다. 만약에 내게 죽음이 닥쳐와서 약간의 시간 여유가 있다면 우선 주변을 정리하고 싶다. 예를 들면 여전히 많은 사진과 앨범, 서류와 원고, 많은 장서 등이다. 조금 더 시간이 있다면 아내와 자식들과 제자들, 그동안 도움을 주신 분들께 간단한 감사 글을 남기고 싶다. 죽음을 앞두고는 신체적 거동도 완전치 못하고 정신도 없을 터이니 미리미리 준비하여야 할 듯하다. 또 죽음을 맞으면서는 가능한 미소를 보이고 싶다. 최선을 다하며 살아왔고 주위에 불편이나 부담을 주지 않으려 노력했으니 나로 인해 섭섭함을 느낀 지인이 없기를 바라며, 가족들과 제자들에게만 마지막 가는 길을 알리며 마무리하리라. 실제 남길 말도 별로 없다. 그동안 무탈하게 살아온 것만으로도 감사할 뿐이다.

• 수필과비평, 2024. 4.

〈수필과비평〉 2024년 5월호(통권 271호), 330-334쪽에서
유한근 월평 〈죽음 모티프 수필의 몇 모습〉

　죽음에 대한 물음은 삶에 대한 물음이다. 어떻게 죽느냐는 문제는 어떻게 사느냐는 문제와 다름없기 때문이다. 삶과 인간의 본체 규명에 헌신하는 문학은, 그것도 진솔하고 가장 '인간적인 문학'이라는 특성을 지닌 수필의 경우에는 인간과 삶을 이해하는 방식으로 죽음의 문제에 집중할 수밖에 없다. 죽음의 선험적 형태인 지적 혹은 정서적 선험을 통해 죽음의 의미를 환기함으로써 인간 삶의 본질을 제시해 주는 형태가 일반적이지만, 어떤 경우에는 죽음에 대한 찰나적 체험을 모티프로 한 수필 또한 있을 것이다. 그 체험이 직접적이든 간접적이든 그 체험을 글감으로 쓴 수필은 인간 삶의 근본적인 문제이기 때문에 가치가 크다. 작가에 따라 이 모티프를 다루는 솜씨는 변별성이 있다. 가볍고 경쾌하게 무거운 문제에 접근하는 경우도 있지만 무거운 만큼 무겁게 접근하는 경우가 있을 수 있기 때문이다.

　- 중략 -

　같은 맥락에서 전효택의 〈마지막 가는 길〉도 읽을 수 있다. 강한 메시지를 가지고 있는 사회적 문제를 다룬 무거운 수필이라는 점에서이다. 이 수필의 서두는 이렇게 시작된다. "최근 신문에서 전 네덜란드 총리 부부가 동반 안락사를 택했다는 기사를 읽었다. 두 사람은 모두 93세로서 함께 70년을 해로했다. 남편은 뇌출혈,

아내는 합병증으로 고통을 받고 있었다. 네덜란드, 벨기에, 룩셈부르크, 스페인 등이 이 안락사 제도를 허용하고 있음을 처음 알았다. 한국은 연명 의료 중단은 허용하나 안락사는 허용하지 않고 있다."고 시작하면서 안락사 문제를 제시한다.

죽음을 맞이하는 사람들의 이야기를 예로 든다. 그리고 결론에 이르러 작가는 이렇게 죽음을 맞이하는 자신의 생각을 서술한다.

"나는 살아 있다는 의미를 걸 수 있으며, 가족들과 지인들에게 폐를 끼치지 않으며, 남을 배려할 수 있으며, 자신이 좋아하는 일이 있고 그 일을 즐기며 살 수 있을 때라고 생각하고 있다. 조용히 편안하게 마지막 길을 가야 함에도 입원, 퇴원을 반복하며 단지 생명만을 연장하는 모습이 편치 않다. 집안의 장남으로서 부모님의 장기간 병환을 겪으며 내게 남겨진 신념인지도 모른다."라고 전제하면서.

그동안 글을 써오며 또한 독서와 사색을 통해 죽음이라는 문제에 대하여 비교적 담담한 편이다. 만약에 내게 죽음이 닥쳐와서 약간의 시간 여유가 있다면 우선 주변을 정리하고 싶다. 예를 들면 여전히 많은 사진과 앨범, 서류와 원고, 많은 장서 등이다. 조금 더 시간이 있다면 아내와 자식들과 제자들, 그동안 도움을 주신 분들께 간단한 감사 글을 남기고 싶다. 죽음을 앞두고는 신체적 거동도 완전치 못하고 정신도 없을 터이니 미리미리 준비하여야 할 듯하다. 또 죽음을 맞으면서는 가능한 미소를 보이고 싶다. 최선을 다하며 살아왔고 주위에 불편이나 부담을 주지 않으려 노력했으니 나로 인해 섭섭함을 느낀 지인이 없기를 바라며, 가족들과 제자들에게만 마지막 가는 길을 알리며 마무리하리라. 실제 남길 말도 별로 없다. 그동안 무탈하게 살아온 것만으로도 감사할 뿐이다.

• 전효택 〈마지막 가는 길〉 결말 부분

죽음을 맞이하는 선험 의식을 통해, 자신의 마지막 가는 길을 어떻게 맞이할 것인가에 대해 위의 인용문에서처럼 담담하게 피력하고 있는 점에서 정통적인 수필가의 한 면모를 느끼게 한다. "죽음을 앞두고는 신체적 거동도 완전치 못하고 정신도 없을 터이니 미리미리 준비하여야 한다는 것"과 또 죽음을 맞으면서는 가능한 미소를 보이고 싶다. 최선을 다하며 살아왔고 주위에 불편이나 부담을 주지 않으려 노력했으니 나로 인해 섭섭함을 느낀 지인이 없기를 바라며, 가족들과 제자들에게만 마지막 가는 길을 알리며 마무리하리라."는 다짐이 그것이다. 그리고 "그동안 무탈하게 살아온 것만으로도 감사"하는 마음에서도 사유의 깊이를 알게 한다.

– 후략 –

나의 러시아문학 공부

지난 2016년 새해 시작과 함께 러시아문학 공부를 시작하여 칠 년여간 계속했다.

처음에는 일주일에 두 시간 모스크바 국립대학에서 정통적으로 러시아문학을 공부한 K 박사님을 모시고 러시아 소설을 공부하였다. 일주일간 숙제로 추천하는 소설 한 편을 읽고 토론하며 강의를 듣는 식이었다. 어떤 주는 읽기 작품이 단편이나 중편소설이어서 수월했으나, 장편소설인 경우는 일주일 만에 완독하기가 벅찼다.

이 년간은 일주일 동안에 읽은 한 작가의 소설 작품 한 편에 대해 한 시간은 강의, 또 한 시간은 각자 짤막한 독후감 발표였다. 일 년이면 이론적으로 거의 50편의 소설을 읽고 공부하는 셈이었다. 셋째 해부터는 수강생의 부족으로 한 달에 두 시간 강의로 압축됐다.

러시아문학을 공부하기 전 적어도 러시아 작가 열 명 — 푸시킨, 고골, 투르게네프, 도스토옙스키, 톨스토이, 체호프, 고리키,

숄로호프, 파스테르나크, 솔제니친 — 정도의 이름은 알고 있었다. 그들의 대표작은 대체로 읽은 상태였다.

러시아문학반에서 '18세기 러시아 근대문학의 형성부터 19세기 러시아문학의 황금시대를 거쳐 20세기 이후 문학, 혁명을 만나다'까지 대략 40여 명 작가의 중단편과 장편소설 110여 종을 대충은 섭렵했다.

소설 작품에 따라 정독과 완독을 하기도 했고 어떤 작품은 겉핥기로 읽었다. 톨스토이의 장편 대하소설 『전쟁과 평화』는 현재까지 여러 차례 도전하였으나 아직 한 번도 완독하지 못했다. 영미권의 문학 전공 교수들의 인기 투표에서 톨스토이가 세계 최고 소설가로 선정되었음을 알게 되었다. 또한 『안나 카레니나』의 첫 문장, '행복한 가정은 모두 비슷하지만, 불행한 가정은 저마다 다른 이유로 불행하다'가 문학에서 최고로 유명한 문장 중의 하나임을 알게 되었다.

나는 러시아문학이 이렇게 방대하고 심오한 줄 몰랐다. 우연인지 모르나 고등학교 시절부터 러시아 소설의 애독자였다. 지금도 고등학교 3학년 시절 국어 모의고사 시험이 기억난다. 주관식 문제가 투르게네프의 작품 이름 쓰기였다. 적어도 나는 그의 작품 내용을 상세하게는 몰랐으나, 소설 제목 —『첫사랑』『사냥꾼의 수기』『아버지와 아들』— 정도는 알고 있었다. 특히 도스토옙스키와 톨스토이와 투르게네프를 일찍부터 알고 좋아했다. 내 서재에는 아직도 을유문화사 간행 세로글씨인 도스토옙스키의 『백치』(이동현 역, 1964년 초판, 716쪽)가 있다. 정음사 발행의 도스토옙스키 전집 『악령』(이철 역, 1968, 638쪽), 『죽음의 집의 기록』(함일근 역, 1968, 606쪽), 『이중 인격』(동완 역, 1969, 617쪽)도 있다. 역시 세로로 쓰인 깨알 같은 책이다.

처음 삼 개월간 일주일에 완독해야 할 교재가 『안나 카레니나』(톨스토이), 『개를 데리고 다니는 여인』(체홉), 『일사병』(부닌), 『눈보라』(푸시킨), 『부활』(톨스토이), 『가엾은 리자』(카람진), 『역참지기』(푸시킨) 등이었다. 장편 『안나 카레니나』는 1, 2, 3권을 각각 일주일씩, 『부활』은 일주일간에 읽기였는데 제대로 정독하지 못했다.

수강 회원 중에는 톨스토이의 『전쟁과 평화』 3권을 일주일에 한 권씩 연속 3주를 돌파한 회원도 있어 놀랐다. 독서의 끈질김과 완독하겠다는 일념, 나는 도저히 따라갈 수 없는 능력이었다. 내 독서법은 한꺼번에 읽을 책 대여섯 권을 가져다 놓고 이책 저책 뒤적이며 조금씩 읽는 습관이다. 책 한 권을 정해 놓고 줄기차게 완독하는 스타일이 아니다.

나는 세계의 문학 분야에서 러시아문학이 차지하는 비율이 절반은 되지 않나 생각한다. 특히 19세기 전후 니콜라이 카람진(1766~1826)부터 21세기 전후까지 200여 년간의 러시아문학은 너무도 방대하여 놀라웠다.

러시아에는 위대한 사상가가 드물다. 오히려 소설가가 사상가이다. 작품 속에 흐르는 주인공의 대화 내용을 보라. 작가가 해설하는 수준을 보라. 사실상 사상가처럼 기술하는 대화 내용과 주창자들이 제기하는 사상을 보라. 어떤 때는 너무 지루하여 한 장을 넘기기가 어렵다. 러시아 소설 읽기의 지루함은 대표적 특징이다. 사건의 발생과 진행이 매우 지루하고 설명이 많다. 특히 인간적인 설명과 심리적 요인 등 상황 설명이 길어 엄청 지루하다. 또한 인물의 이름이 길고 심지어는 도중에 애칭까지 사용되어 혼란을 준다.

최근에 한 문인 단체에서 〈러시아문학 - 유리 나기빈을 중심으로〉를 소개할 기회가 있었다. 나기빈의 소설,『나기빈 단편집』『금발의 장모』『메아리』『겨울떡갈나무』를 소개했다. 참가 문인 모두 독서를 열심히 하는 회원들이나 내가 제공한 강의 자료를 보고 러시아 작가 10인 이상을, 또는 읽어 본 러시아 소설을 10종 이상 열거하기가 만만치 않다고들 했다. 러시아 소설이라 하면 아마도 톨스토이나 도스토옙스키는 익숙한 이름이어서 친근한 느낌이 든다. 그 이외 작가들, 푸시킨, 투르게네프, 고골, 고리키 정도는 익숙할까. 현대에 들어와서『닥터 지바고』의 저자이자 1958년 노벨문학상 수상자인 보리스 파스테르나크(1890~1960), 1965년 수상자인『고용한 돈강』의 미하일 숄로호프(1905~1984), 1970년 수상자인『암 병동』의 저자 알렉산드르 솔제니친(1918~2008) 정도는 잘 알고 있다.

노벨상 시상은 1900년부터 시작되었다. 1910년까지 생존한 유럽 사회에도 잘 알려진 위대한 톨스토이는 왜 노벨문학상을 수상하지 못했을까. 러시아 소설가로 첫 수상자는 1933년 이반 부닌(1870~1953)이다. 그의 대표적 소설은『아르세니예프의 인생』

『일사병』『샌프란시스코에서 온 신사』 등으로 우리에게 그리 익숙한 작가는 아닌 듯하다.

    대학에서 정년 퇴임 후에 중소기업체에서 3년간 상임고문으로 일할 때였다. 회사의 주요 프로젝트 중 하나가 키르기스스탄의 금광 개발이었고 사업팀이 별도로 채용되어 운영되었다. 이 나라의 금광 담당자들과는 영어 소통이 안 되어서 우리 사업팀에 러시아어 통역 전담 사원이 있었다. 나는 러시아어를 배울 좋은 기회라고 생각하여 사업팀뿐 아니라 다른 부서의 일반 젊은 사원들에게 공부팀을 짜서 통역 전담 사원에게 러시아어를 배우라고 권했고 나도 참가했다. 이 금광 사업은 예비조사 단계에서 성공확률이 낮다고 평가되어 수개월 만에 제외되었고, 사업팀은 해체되어 러시아어 공부도 조기에 중단되었다.

    나는 러시아어를 제2 외국어로 배울 기회가 없었음을 안타까워하고 있다. 지금이라도 더 늦기 전에 러시아어를 배워볼까 하고 객기를 부려본다.

• 리더스에세이, 2025 가을호

3.
가시가 있는 꽃길

진정한 애국자 송강 이준열

서울대학교의 개학 반 세기사* 집필에 참여한 적이 있다. 반 세기사는 1895년 법관양성소(법대 전신) 설립부터 광복 직후인 1946년까지의 역사를 의미한다. 이준 열사 동상이 법대 입구에 서 있는데, 그는 이 법관양성소의 제1회 졸업생이다.

필자의 분담은 공과대학(공대)의 전신부터 광복 바로 직후까지의 역사 집필이었다. 광복 이후의 모교 역사는 정리되어 있어 알고 있는 편이었으나, 일제 강점기와 광복 직후의 역사는 잘 모르고 있었다.

공대의 전신은 1916년 4월 조선총독부가 설립한 경성공업전문학교(경성공전)이다. 이 학교는 1922년 경성고등공업학교(경성고공)로 개편되었다가 1944년 4월 다시 옛 이름인 경성공전으로 개칭되었다. 경성공전의 설립 연도가 1916년이니 광복 직후까지

---

*『국립서울대학교 개학 반 세기사(1895-1946)』, 서울대학교·서울대학교동창회 발행, 서울대학교출판문화원 인쇄, 본문 1,040쪽(부록 413쪽 별도), 2016.

는 약 30년의 역사이다. 경성공전과 경성고공의 요업, 염직과 방직, 광산, 응용화학, 토목, 건축 분야에서 1,699명이 배출되었고, 이중 조선인은 412명으로 총인원수의 1/4에도 미치지 못했다. 경성공전과 경성고공은 일제의 식민 통치의 일환으로 설립되어 일본인 자제들을 위한 공학 교육기관이었고 조선인에 대한 문호는 극히 제한되었다. 여기에서 배출된 조선인 인재들은 질적으로 매우 우수하여 8·15광복 후 우리나라의 공학 교육과 공업화 과정에서 중요한 역할을 담당하였다.

필자는 조선인 졸업생 중 특히 독립운동에 참여하였거나 사회에서 중요한 역할을 하여 기사화된 인재 확인에 관심을 두며 집필하였다. 광복 직후 모교 공대로 통합된 경성공전, 경성고공, 경성광산전문학교(경성광전), 경성제국대학 이공학부, 경성대학 이공학부의 조선인 졸업생 중 85명의 인재를 찾아내어 소개하였다. 예를 들어 이상(1910~1937)은 일제 강점기의 시인, 작가, 소설가, 수필가, 건축가로서 한국의 대표적인 근대 작가이며 본명은 김해경(金海卿)이다. 경성고공 건축학과를 수석으로 졸업했다(1929).

대표적인 독립운동 지사 세 분도 발견할 수 있었다. 박찬익(1884~1949), 이준열(1896~1987), 곽상훈(1896~1979)이다. 이 중에 선각자 송강(松崗) 이준열은 동료 교수의 부친이어서 놀랐다. 그는 나와 학과는 다르나 십 년 선배로서 이십여 년을 함께 근무한 동료 교수였다. 그는 공대 학장을 거쳐 총장까지 역임한 대단한 분이었다. 나는 재직 중 그의 부친이 일제 강점기에 8년 이상이나 수감되었던 애국지사였음을 전혀 몰랐다. 그도 개인적으로나 공적인 자리에서 부친에 대해 언급을 한 적이 없었다. 공대의 반 세기사를 집필하며 알게 된 셈이다. 이준열 지사의 활동을 기록하며 혹시라도 기재에 실수할 수 있어 그의 확인을 직접 받기도 했다.

이준열은 1896년 충남 아산에서 출생하였다. 그는 1908년(12세)에 상경하여 경성고등보통학교를 졸업했다. 경성공전 응용화학과에 1916년(20세) 입학하여 1919년 졸업했다. 교내 항일 투쟁 비밀결사인 공우회(工友會)의 회장이었고, 동맹휴학 위원장으로 1919년 3·1학생 운동을 주도했다. 무산자를 위한 사립 중학교인 고학당을 1923년 5월 설립하여 초대 교장을 지냈다. 고학당은 빈곤한 청년 고학생들을 위한 교육 운동을 통해 항일 학생 투사들을 키워내는 데에 목적을 두었으나 일제의 검거로 1931년 7월 해산되었다. 그는 1929년 조선공산당 재조직 사건으로 체포되어 8년간 서대문교도소와 대전교도소에 수감되어 만기 출소(1937년, 42세)했다. 그후 대동광업㈜ 전무직을 맡고 대동광업전문대를 설립 운영하였다. 광복 후에는 조선공업기술연맹 초대 이사장, 건국공업박람회 개최, 조선광업회 초대 이사장, 조선발명장려회 초대 위원장 등을 지냈다.

그가 옥고를 치르는 동안 그의 가족들은 큰 고통을 겪었다. 식구들은 뿔뿔이 헤어져야 했고, 어머니는 고무공장에서 밤늦도록 일하며 겨우 생활을 꾸려갈 수 있었다고 전한다. 그러나 정작 이준열은 "당연히 할 일을 했을 뿐"이라며 국가로부터 포상받는 일조차 거부했다. 그는 자녀에게 '인간은 뭇 동물과 달라서 의롭고 역사에 남을 만한 보람 있는 일을 해야 한다', '남보다 멀리 보고 솔선하며, 더불어 함께 하는 세상에서 덕을 베풀 줄 알아야 하고, 난세에는 중앙에 처신하라'고 가르쳤다.

광복 후에는 정부 수립과 초대 내각 구성 당시 이시영 부통령의 추천으로 상공장관에 지명되었으나 극구 사양하였다. 주위에서 '남에게 양보하는 일이 많고 숨어서 하신 일이 많은 분이니 역사의 한 페이지를 남기지 않음은 민족의 수치입니다'라는 설득에 자서전 집필을 허락하였다 한다.

그간 필자가 몰랐던 선각자 이준열에 대한 삶을 안 후에 존경심과 본받고 싶은 마음이 간절했다. 특히 이러한 부친을 둔 동료 교수의 함구와 겸손은 더욱 본받고 싶다. 내 집안이 독립운동을 한 애국자 집안으로서 명문가라는 점을 내세우며, 정작 본인은 아무것도 공헌한 것은 없으면서 주위에 자랑하고 기사화하며 출세나 경제적 이득을 보려 하는 인사들이 적지 않은 시대이기 때문이다.

군사독재 정권하에서 사형을 구형받고 무기수로 독방에 갇혀 7년 6개월 만에 석방된 후 민주화 운동 유공자로 복권되었으나 국가보상금을 거부한 시인을 알고 있고, 존경받는 민주 투사임에도 국가보상금을 거부한 정치인도 알고 있다.

이들에게 존경심과 부러움을 보낸다. 과연 필자도 이러한 시대에 태어났다면 그들과 같이 독립운동과 민족 교육과 자주화 운동에 헌신할 수 있었을까. 그러한 경력이 있었다면 개인의 출세 목적에 이용하지 않고, 당연히 해야 할 일을 했다는 숭고하고 겸손한 모습으로 처신할 수 있었을까.

· 에세이스트, 2024. 9-10.

어린 새 한 마리

십오 세 때 나는 중학교 3학년이었다. 이 나이에 애국심과 민주화에 대한 열망과 독재 정치에 대해 얼마나 알고 있었을까. 쿠데타라는 용어조차도 몰랐다.

한강의 장편소설 『소년이 온다』를 읽으며 소년의 나이에 대한 의구심을 떨칠 수 없다. 이 소설은 1980년 5월 광주에서 열흘간 벌어진 학살과 항쟁의 기록을 담고 있다. 15세인 중학생 소년 동호가 주인공이다. '5월 광주'는 국가 권력의 폭력, 인간의 잔혹성, 양심이라는 보석의 빛을 동시에 보여준 사건으로 남아있다. 무엇보다도 이 소설은 '5월 광주'를 겪은 이들이 단순 희생자가 아니라 항쟁의 주체임을 알려준다.

작가의 노벨상 수상 소식과 더불어 『소년이 온다』의 실제 주인공인 열일곱 살(어느 신문은 16세라고 기재) 아들의 어머니 기사(2024년 10월 12일 자)가 공개되었다. '5월 광주'에서 위험하다는 만류에도 불구하고 민주주의를 외치며 버티던 아들이 싸늘한 주검으로 돌아왔다고 했다. 평범한 어머니는 이후 아들의 폭도 누명을 벗

기기 위한 투사가 되었다. 아들을 잃은 삶은 하루하루가 장례식이나 마찬가지였다고 한다. 노벨문학상 수상으로 말미암아 아들이 세계에 알려져 감사하다고 어머니는 말했다.

소년 동호는 친구 정대의 죽음을 목격한 이후 합동분향소가 있는 도청 상무관에서 시신들을 관리하는 일을 돕는다. 시신들을 수습하며 한 마리의 '어린 새'가 빠져나간 것 같은 주검들의 말 없는 혼을 위로하기 위해 초를 밝히며 친구의 죽음을 떠올리며 괴로워한다. 돌아오라는 엄마와 돌아가라는 형, 누나들의 말을 듣지 않고 동호는 도청에 남아 봉사하지만 결국 군에 의해 무참히 희생된다. 동호와 함께 상무관에서 일하던 형과 누나들은 5·18 이후 경찰에 연행되어 끔찍한 고문을 받아 살아 있음을 치욕스러운 고통으로 여기거나 일상이 회복될 수 없을 정도로 무력감에 빠진다. 저자는 5·18 당시 숨죽이며 고통받았던 인물들의 숨겨진 이야기와 그들의 아픔을 들려준다.

'당신이 죽은 뒤 장례식을 치르지 못해, 내 삶이 장례식이 되었습니다.'

나는 1980년 5월 초부터 일본 도쿄대학에서 박사후 연구 생활차 장기 체류를 시작하고 있었다. 서울에서 출국 전에 군사정부는 언론을 통제하며 한국 관련 외신, 예를 들면 주간지 타임이나 뉴스위크에 게재되는 한국 기사를 모두 지우거나 삭제하여 보게 했다. 나는 성(全)씨가 군사 쿠데타의 우두머리와 같아서 일본에서

대학 연구실 동료들은 친척 관계가 어떻게 되느냐는 농담을 듣곤 했다. 한국에서 출국 전에는 우두머리가 누구인지도 몰랐으나 한국 관련 기사를 영문 주간지인 타임이나 뉴스위크로 또는 일간지로 자세히 알 수 있었다. 내가 열심히 일간지와 주간지의 관련 기사를 복사하며 스크랩을 계속하자 연구실 동료는, '너 그러다 잡혀가는 거 아니니?' 하는 농담을 하기도 했다.

단편 〈귀향〉(1946)의 러시아 작가 안드레이 플라토노프(1899~1951)가 기억이 났다. 그는 『체벤구르』(1929), 『코틀로반』(1930)을 완성했으나 스탈린 공산주의 체제(사회주의 리얼리즘)에 비판적이라는 이유로 정치적 탄압을 받으며 살아 있는 동안 출판하지 못했다. 그의 15세 아들은 1938년 테러리스트로 음모를 꾸몄다는 이유로 2년간 정치범수용소에 수용되었다. 중학생이던 소년 동호와 같은 나이이다.

15세 소년에게 정치범이라니! 이 소년이 테러리스트라 하면 믿을 수 있겠는가!

폐결핵에 걸린 채 풀려난 아들을 간호하다 본인도 폐결핵에 걸렸다. 그 아들은 석방 2년 후에 사망했다. 작가는 공산주의자였으나 어용 문인들에게 신랄하게 비판받으며 작품 활동을 금지당했고, 이어 가난과 폐결핵으로 52세에 사망했다. 그의 작품은 프랑스, 이탈리아, 네덜란드, 미국 등지에서 먼저 출판되었고, 소련에서는 사후 30여 년이 지난 1980년대 후반에야 출판되었다.

저자 한강은 어느 인터뷰에서 맨부커 인터내셔널상을 수상한 작품 『채식주의자』보다 이 『소년이 온다』를 독자들이 더 읽어 주기 바란다고 언급한 적이 있다. 수많은 실록과 증언이 축적된 터에 저자는 항쟁의 주체들이 남긴 인간 존엄의 서사를 가장 고통스러운 언어로 들려주고 있다.

· 리더스에세이, 2025 봄호

뜻밖의 답사

작년 9월경이었다. 매우 오랜만에 L 교수의 전화를 받았다. 그는 나와 가까운 중학교 동기이다. 국내 유명 사립대학의 부총장까지 지낸 경제학자이다. 서로 안부를 묻고는 '조만간 중학교 모교에서 전화가 갈 것이니 전화를 받게'라는 짤막한 언급이었다. 나는 최근 들어 모르는 전화번호는 아예 받지도 않는다.

얼마 후 모교 교감 선생님이 내가 전화를 받지 않자 문자로 연락을 해왔다. 오는 10월 23일이 모교 개교 77주년이며, 이 기념 행사에서 자랑스러운 동문으로 선정되었으니 대표로 답사를 맡아 달라는 요청이었다. 그야말로 뜬금없는 연락이었다. 나는 졸업한 지 이미 60년이 넘고 졸업생 중 모교에 공헌한 인물이 많을 터인데 하며 사양했다. 그러자 이번 기념식에서는 사회에서 활동하는 부문별로 다섯 동문을 선정하고, 20년과 30년 근속 교사의 근속상이 있다고 하며 내게 수상자 대표로 답사 요청을 다시 정중하게 했다.

기념식 날 모교를 방문하여 교장 선생님을 만나서야 중학교가

20여 년 전 남녀 공학이 되었음을 알았다. 지역이 신설동-안암동 일대여서 남학생만의 모집에 어려움이 있었을 것이다. 교장 선생님은 이미 나에 대해 인터넷 검색을 해서 충분히 만나 구면인 듯하다고 친절한 말씀을 주셨다. 내가 수필가로 등단했음도 알고 있었다. 나는 감사함의 보답으로 기념식을 마친 후에 나의 최근 산문집 『내 인생의 푸른 시절』(2022)과 『살아 있다는 의미』(2024)를 보내드렸다.

다음은 기념식 날 강당에 모인 내외빈과 학생들을 대상으로 한 답사이다.

개교 77주년 기념 예식에서 자랑스러운 동문 수상자를 대표하여 답사 드리게 되어 영광이며 또한 감사합니다. 제가 모교를 졸업한 지 어언 60년이 넘습니다. 특히 1960년 4월에는 체육 시간 운동장에서 고려대생들이 무리 지어 정문 앞 도로를 지나 시내로 진출하던 모습도 기억이 납니다(4.19. 혁명). 그동안 신설동과 안암동, 보문동을 지날 때마다 모교를 바라보곤 했습니다.

중학교 시절을 돌이켜 보면 신앙심이 깊으시고 인자하시던 여러 선생님이 기억납니다. 매 학기 성경 과목이 있어 신구약 전체를 대충은 배웠지요. 이때는 무슨 까닭인지 지도를 보지 않아서 신약 성경에 나오는 지역 이름들은 대부분 이스라엘 근처에 있다고 당연히 생각했습니다. 지나고 보니 사도 바울이나 제자들의 활동 무대가 지금의 튀르키예(터키), 그리스, 이탈리아, 스페인 등 지중해 연안 국가들임을 훨씬 뒤에야 알게 되었습니다.

세계지리 과목을 가르치신 선생님과 과목 내용을 잊지 못합니다. 우선 각 나라 이름과 수도를 반드시 외우게 하여 세계화 지식의 발판이 되었습니다. 이때 이미 북유럽을 알게 되어 노르웨이 수도가 오슬로이고, 나중에 이곳에 오슬로대학이라는 명문대학이 있음을 알게 되었지요.

수업도 열심이었지만 제 기억에 매일 간단한 예배로 수업을 시작하였고, 일주일에 한 번은 강당에서 전체 예배, 또는 일 년에 한두 번은 영락교회에서 예배를 드렸으며 예배 때마다 성가대원으로 활동했던 기억이 납니다. 성가대 지휘를 맡으신 음악 선생님 별명이 메뚜기였지요. 성가대에서 활동하던 일- 이때 남성 듀엣 트윈폴리오의 유명한 가수인 윤형주 동기도 같은 성가대원이었지요. 전 과목 평균이 90점이 넘으면 특대생이 되어 등록금을 면제받는데, 윤형주를 포함하여 현재 부이사장인 L 교수와 함께 특대생이었지요. 제 기억에는 L 교수가 제 동기생 중 전체 톱이어서 제가 한 번도 따라잡지 못한 기억이 납니다.

저는 서울대학교 공과대학 자원공학과에 입학한 이후 현재까지 군 복무와 해외 유학 생활을 제외하면 서울대에서 학생과 연구생으로 또한 교수로 50년 이상을 생활한 서울대인입니다. 학생들과 지인에게는 다음 3가지 저의 좌우명을 알리며 교수 생활을 해왔습니다.

What is new today ?

What should I do next ?

What can I do for you ?

즉, '오늘 새로운 것이 무엇이지?, 다음은 내가 무엇을 하여야 하지?, 마지막으로 나는 남을 위해 무엇을 할 수 있지?'라는 물음과 실천인데, 쉬워 보이면서도 어려운 일입니다.

오늘 이렇게 뜻깊은 개교 77주년을 맞으면서 자랑스러운 동문상을 받게 되어 기쁘고 영광이며, 또한 무한한 감사를 드립니다. 앞으로도 모교의 무궁한 발전과 도약을 기원하며 인사 말씀에 대신합니다. (2024년 10월 23일).

기념행사가 모두 끝난 후에 교장 선생님은 내게 축사 원고를 줄 수 없느냐고 했다. 교사와 학생들에게 나누어 주고 싶다 해서 드렸다. 작년 가을은 전혀 예상치도 못한 수상과 답사로 행복했다. 더욱이 시상식장에서 수십 년 만에 만난 동기 동창들과의 식사와 차 환담은 나를 더욱 기쁘게 했다. 지난 2009년 연말 고등학교 모교에서 자랑스러운 동문상을 받았는데, 내 인생에 이런 행운과 기쁨이 두 번이나 있었음에 감사하고 있다.

• 계간현대수필작가회 2025 청색시대 제30집, 『어느 특별한 하루』

가시가 있는 꽃길

한 문학반 강좌에서 네 번째 산문집 『내 인생의 푸른 시절』(2022)을 소개했다. 나의 30대 중반, 영국 런던에서의 일 년간 박사후 연구 생활을 지냈던 시간이 바로 「내 인생의 푸른 시절」이었다. 그때 자리를 함께한 회원 한 분이 '교수님은 꽃길만을 걸으셨네요'라고 했다. 인생을 살면서 사람마다 가시밭길은 걷지 않고 어떻게 꽃길만 걸을 수 있겠는가. 나는 그 회원에게 대학원 연구생으로 출발하여 대학 조교수로 임명될 때까지의 십 년간 고생한 경험을 들려주었다.

모교 박사과정 재학 중 군 복무를 마치고 전공학과로 돌아왔다. 그후 2년간의 조교 생활과 박사학위 취득 전후의 2년간의 시간강사 생활, 외국 대학에서의 일 년여 박사후 연구 생활은 경제적으로 무척 어려운 시절이었다. 유일한 수입원이었던 가정교사 아르바이트는 군사정부의 모든 사교육 금지 조처로 불가능했다. 대학 강사 시절 매주 전임 시간인 9시간 이상을 강의하는데도 한 달 강사료는 용돈 수준이었다. 더욱이 여름과 겨울방학 4개월 기간은 강의가 없어 수입이 전혀 없었다.

자녀가 둘이나 있는 30대 초반 가장이 삼 년 동안 일정한 수입이 없었다. 고학력자임에도 불구하고 양가 부모님께나 주변의 친지들에게 체면이 서지 않는 일이었다. 이 시기가 내겐 경제적으로 또한 정신적으로 가장 힘들었다. 모교에서 박사학위를 취득하면 지방대학의 조교수, 연구소의 선임연구원 또는 국영기업체 과장 자리는 쉽게 선택할 수 있었고 주위의 권유도 만만치 않았다.

전공학과 교수님 대부분이 교수요원 응모를 추천하고 격려했다. 그중 노장 교수 한 분만이 내가 외국 유명 대학에서의 박사후 연구 경험이 없다며 반대하였다. 그런 결정이 오히려 유학을 실행한 계기가 되었다. 나는 오로지 모교에 교수로 남겠다는 의지 하나로 박사후 연구 유학을 위한 지원경비도 확보하지 못한 채 일본 도쿄대학에서 객원 연구원 생활을 시작하였다. 이 시기에 아내는 내가 가장 예민하고 날카로웠었다고 했다. 지금 생각하면 이때의 도전이 학자로서 더욱 성장하고 발전할 수 있었던 중요한 전환점이었다.

도쿄대학 연구 시설과 지도교수의 학문적 지도와 역량, 석·박사과정 연구생들과의 친교와 학문적 사고의 전환, 연구 시설도 중요하나 아이디어가 더 중요함을 깨달았다. 시간의 효율적 이용, 즉 "What is new today? (오늘 새로운 것이 무엇인가?)", "What should I do next? (다음은 내가 무엇을 하여야 하지?)"라는 일생의 좌우명이 생긴 시기였다. 학문 세계의 수준 차이가 크다는 사실을 뼈저리게 느끼던 때였다. 도쿄대학 교수들의 연구 생활 태도를 가까이에서 직접 접하고 배울 수 있었다.

그해 연말 모교의 조교수로 발령받아 귀국할 때의 기쁨과 자랑스러움이 지금도 남아 있다. 특히 다음 해 장인이 작고하시기 전에 대학에 자리 잡은 사위 모습을 보여드릴 수 있어 다행이었다.

젊은 시절 지난한 십 년간의 연구 생활 기간은 집안의 경제적 여력이 없던 나에게 여러모로 어려움을 주었다. 나를 바라보는 가족을 보면 내가 길을 잘못 들었나, 무모한 도전을 하는 것은 아닌가 하는 회의감이 들곤 했다. 박사후 연구 과정을 거쳐야 할 청년이라면 우선 집안의 경제적 지원이 얼마나 가능한지 고려해야 할 것이다. 결혼과 가정을 이루는 시기는 그 이후로 미룸이 바람직할 것이다. 그 어려운 시절 내 주변에서 도와주고 격려해 주신 분들을 잊지 않고 있다.

정년 퇴임 이후 세월이 빠르게 지나고 있다. 젊은 시절에는 시간이 빠르게 지남을 느끼지 못했고 친구들과 동료들 사이에서 누가 생일이 빠르냐, 누가 형님이냐로 나이 많음을 따졌다. 이제는 세월이 유수와 같다는 옛말을 실감하고 있고 하루하루보다는 요일 단위로 생활하고 있다. 지나간 십 년 세월이 덧없이 빠름을 생각하면 앞으로의 십 년도 얼마나 빠르게 지나갈까. 이제 내게 새로운 것은 무엇일까? 오늘 나는 무엇을 하여야 하지? 마음의 여유를 가지고 다음 세대에게 선배로서의 모범을 보여주고 싶다.

지난 시절 경제적 어려움을 견디고 돈과는 상관없이 학자로서 외길만을 고집하며 걸어왔다. 덕분에 지금은 나름대로 보람을 느낀다. 누군가에게 학자로서 꽃길만을 걸어온 것처럼 보였다면 다행이다. 그 속에 날카로운 가시밭길이 있음을 다른 사람은 잘 모른다. 날마다 꽃길은 없다. 구태여 꽃을 피해 가시밭길로 걷고 싶은 사람은 없을 것이다. 지난 힘든 삶을 되돌아보면 가시밭을 헤치고 온 길이지만 그래도 인생은 살 만한 가치가 있는 꽃길이라고 믿는다.

• 에세이스트, 2025.7-8.

독일 프라이베르크대학

다이아몬드 탐사 단기 교육을 받기 위해 독일 작센주에 있는 대학도시 프라이베르크를 2000년 12월 중순 일주일간 방문했다.

프라이베르크는 세계에서 가장 오래된, 1765년에 설립된 프라이베르크광업기술대학이 있었던 역사적인 광산 도시이다. 작센주 동남쪽 체코와의 경계에 있는 에르츠게비르게 산악지역의 광산지대에서 1168년 처음으로 은이 발견된 이후, 프라이베르크는 팔백여 년에 걸쳐 금속의 채굴과 제련 야금 역사를 지닌 광산 활동 도시여서 내겐 오랜 기간 방문 호기심을 주던 도시였다.

일본의 과거 아키타(秋田)광산전문학교가 이 프라이베르크광업기술대학을 모델로 하여 1910년 건립한 관립(국립)학교이다. 일본이 독일의 교육제도를 열심히 모방하며 군사 대국으로 치닫던 시기이다. 국내에서도 일제강점기인 1939년 관립전문학교인 경성광산전문학교(경성광전)가 설립되었는데, 일본인 자제들을 대상으로 광업 전문가를 양성함이 목적이었고 조선인의 입학이 일부 허용되었다. 이 전문학교가 광복 이후 1946년 설립된 서울대학교 공과대학 채광학과(다음에 광산학과, 자원공학과로 바뀌었고 현재 에너지자원공학과)의 전신이다. 나는 이 자원공학과에서 젊은 시절을 보냈다.

대학생 시절 광상학 수업 시간에 독일 프라이베르크대학의 베르너(A.G. Werner, 1749~1817)라는 위대한 인물을 처음 알았다. 그는 광상(경제성이 있는 광물의 집합체인 광체)의 형성이 퇴적 기원이라는 가설(Neptunism)을 18세기 후반에 주창한 근대 지질학의 공동 창시자였다. 이 이론은 당시에 영국 스코틀랜드 에든버러대학의 휴톤(J. Hutton, 1726~1797)이 제안한 화성 기원설(Plutonism)과 함께 대단한 인기를 끌었던 양대 가설이었다. 지금 생각해 보면 광상의 형성 원인을 퇴적 기원이나 화성 기원으로 단순 설명하며 당시의 전문가들이나 추종자들의 인기를 누렸다니 우습기도 하다. 이 시기에는 지질학자가 야외에서 보는 시각이 자기 나라에 제한된 국지적인 지질학적 현상, 즉 독일의 퇴적환경과 스코틀랜드의 화성환경에 안목이 제한되었기 때문일 것이다.

내가 프라이베르크를 방문했을 때 여전히 기억나는 점은 외롭고 음울하던 분위기였다. 동서독이 1990년 10월 통일된 이후 십 년 만에 옛 동독 지역을 방문한 셈이었다. 일 주일 동안 묵으며 체험한 도시의 쓸쓸함과 주민들의 무표정이 떠오른다. 마지막 날 늦은 오후 수업을 마치고 담당 교수와 참석자들 모두 송별 만찬을 하려고 찾아가던 식당이 기억난다. 대학에서 30여 분간을 가로등도 없는 어두운 길을 따라가던 기억이다. 이곳은 겨울철이면 오후 4시경 이미 어두워졌다.

학회 참석차 1994년 9월 중순 폴란드의 크라쿠프를 방문했을 때도 그랬다. 소련 공산권에서 민주주의 공화국 체재로 바뀐 지 오 년밖에 안 되었을 때였다. 크라쿠프는 옛 수도로서 유네스코 문화유산 도시이다. 13세기 중세에 조성된 중앙광장은 성마리아 성당이 자리 잡은 유명한 곳임에도 그리 한산할 수가 없었고, 주민들의 무표정과 쓸쓸한 분위기가 여전히 선하다.

1982년 초여름 서베를린을 방문했었다. 당시 베를린은 미국이 관할하던 서베를린 자유 진영과 소련이 지배하던 동베를린 공산 진영의 대표적 냉전 지역이었다. 공항에서부터 총으로 무장한 군인들의 경비가 삼엄했다. 동서 베를린의 장벽에서 내가 받은 충격은 대단했다. 서베를린 장벽 옆의 전망대에서 동베를린 쪽을 바라보니 서베를린 쪽은 장벽 옆이 바로 도로와 주택인 데 비해, 동베를린 쪽은 장벽으로부터 백여 미터에 걸쳐 삼엄한 경비 초소와 철조망이었다. 공산주의 진영에서의 이동의 자유를 막는 실체를 보아서인지 그 이후로 동유럽 공산권 국가들에 대한 내 선입관은 매우 부정적이었다.

프라이베르크대학의 교수진 구성에서도 독일 통일 이전에 채용된 교수진은 영어에 서툴고 러시아어에 익숙한 러시아 유학파였다. 반면에 통일 이후 채용된 서구에서 교육받은 교수진은 영어에 능숙했다. 내가 만났던 내 전공 분야(지구화학탐사)의 동독 출신 교수는 영어로 소통이 안 되어 통역자를 두어야 했다. 그는 전공 분야의 아이디어와 연구 수준은 상당히 높은 수준이었고, 나와의 학문적 교류를 원하고 있었다.

영어권에서 교육받은 학과장 교수는 이 두 부류 교수진의 사고 방식 차이를 극복하는 일이 우선 과제라 했다. 예를 들면, 교수 연구비의 확보는 교수 스스로가 노력하여야 하는데 이 동독 출신 교수진은 연구비 지원도 정부가 해 주어야 한다는 식이다. 교수 스스로 독립적으로 기업체에서 또는 유럽연합에서 경쟁적으로 연구비를 확보해야 하는 자세가 모자람을 지적하고 있었다. 사실 나부터도 이미 서구화되어 있어 교수 스스로 노력하고 경쟁하여 외부 기관에서 연구비를 확보하여야 한다는 인식에 익숙해 있다.

주말 하루 프라이베르크에서 북동쪽으로 31km 떨어진 드레스덴을 방문했다. 드레스덴은 제2차세계대전의 격전지였고, 아름다운 왕궁을 포함한 전 도시가 연합군의 포격으로 완전히 파괴된 도시였다. 전후에 복구된 왕궁은 미술관으로 이용되고 있었고 거의 한나절을 이 미술관에서 보냈다.

이 두 도시를 방문한 지 이미 25년 전이다. 이제는 많은 관광객이 방문하는 사랑받는 도시로 변모했다고 들었다. 활기가 넘치는 이 역사적 문화도시를 다시 한번 방문하고 싶다.

• 에세이스트, 2025. 1-2.

4.

여행 산문

에스토니아 정신의 도시, 타르투

해외여행에서 강한 인상을 남기는 지역의 풍경을 보면 이곳을 다시 방문할 기회가 올 수 있을까 하는 생각이 든다. 발틱 3국 여행이 그랬다. 젊은 시절부터 사십여 년간 대부분의 유럽 국가들을 방문했으면서도 이 세 국가를 찾아보지 못했다. 그 이유는 내 전공 분야의 학술회의가 이곳에서는 거의 개최된 적이 없었기 때문이다.

수년 전 여름 발틱 3국을 방문했다. 발틱 3국은 핀란드 남부의 발틱해 건너에 있다. 7월 초순임에도 매우 맑고 선선한 날씨였다. 발틱 3국 중 가장 북부에 있는 에스토니아의 수도 탈린을 거쳐 이 나라의 제2 도시 타르투(Tartu)를 방문하였다. 타르투는 수도 탈린에서 남동 방향으로 약 186km 떨어져 있다. 민족의식과 민족문화 중흥의 선도적 역할을 한 에스토니아다운 도시라고 하여 '에스토니아 정신의 도시'라고 부른다.

가장 먼저 방문한 곳은 타르투대학교였다. 이 나라에서 가장 크고 권위 있는 국립대학이며 북유럽에서 명성이 높은 대학이다. 설립 당시 이 지역은 스웨덴 왕국의 지배를 받고 있었다. 스웨덴 왕 구스타프 아돌프의 칙령으로 1632년에 '구스타비아나 아카데미'라는 이름으로 처음 설립되었다. 아돌프 국왕의 고문인 요한 쉬테가 대학 설립 아이디어를 제공했고 이 대학의 초기 학장이었다.

이 아카데미는 설립 당시 스웨덴 왕국의 두 번째 대학이었다. 첫 번째 대학이 스톡홀름 주변 웁살라에 있는 웁살라 대학이다. 이 대학은 연구 중심 공립 종합대학교로서 1477년 설립되었으며, 노벨상 수상자를 11명이나 배출한 세계적 명성이 높은 대학이다. 스웨덴은 물론 스칸디나비아 지역에서 역사가 가장 오랜 대학교이다.

나는 학회 참석차 1986년 8월에 또한 2003년 6월에 두 차례 이 대학을 방문한 적이 있다. 쉬테는 이 웁살라대학의 학장 (1622~1628 재직)을 지낸 적이 있어 이 대학을 모델로 타르투에 대학 건립 제안을 하였다고 한다. 타르투대학교 주변 길거리 이름에도 웁살라 거리가 있다. 이 아카데미는 1710~1802년 기간 북방전쟁(스웨덴-러시아의 패권전쟁)으로 문을 닫았다가, 1802년에 도르파트(Dorpat, 타르투의 옛 이름)대학으로 재개교 되었다. 타르투대학교라는 이름은 1919년부터이니 내가 방문한 2019년이 설립 백주년이었다. 특히 19세기에 기라성 같은 자연과학자들이 이 대학을 거쳐 갔다. 대표적인 인물이 물리화학의 개척자이며 1909년 노벨 화학상 수상자인 빌헬름 오스트발트이다.

에스토니아 대학생의 거의 4분의 1이 이 대학교에서 수학한다. 십만여 명의 시 인구 중 약 1/5이 학생이다. 에스토니아에서 산출되는 연구 결과물의 절반 이상이 이 대학에서 나온다고 한다. 학생 수는 14,263명(학부 8,787명, 대학원 5,476명)이고 전임 교원 수는 1,847명(2022년 자료)이니, 교원 한 명에 학생이 8명 이내이다.

이 대학 뒤편에 조성된 언덕 공원길을 따라 걸으며 숲과 대학의 기념비적 인물들의 동상, 타르투 대성당 잔해와 대학역사박물관, 설립자 요한 쉬테 기념 조형물을 볼 수 있었다. 마치 19세기 초 대학 구내를 걷는 기분이었다. 캠퍼스 거리에는 대학이 재건축됨을 기념하며 1838년에 세워진 '천사의 다리'가 있다.

에스토니아는 1991년 소련으로부터 독립했고, 1992년부터는 완전한 학문적 자립이 회복되어 러시아어로 이루어지는 강의는 모두 없앴다. 많은 학위 과정이 영어로 진행되고 있고 특히 경영관리, 의학, 공학과 기술 등 3개 과정은 완전히 영어로 강의한다. 박사학위 과정은 대부분 영어로 강의가 이루어지고 있어 국제화에 앞서고 있다. 내가 젊은 교수 시절에는 이런 명문대학이 있음을 몰랐다. 알았다면 연구년 기간 중 방문 연구도 하고, 세미나 또는 강의를 통해 좀 더 가깝게 이 나라의 정서와 가까워질 수 있었을 터인데 말이다. 내 전공 분야에서 학문적 교류나 방문 연구 등의 활동은 너무 영미권에 치중된 경향이 있다. 북유럽 국가의 대학에 유학하고 학회 참석이나 공동연구 등의 학술 활동은 사실 그리 적극적이지는 않다.

타르투 시청사는 1789년에 건립되었으며 이 시의 심장부이다. 시청 앞 광장은 13세기부터 시장으로 이용해 왔으며 바로크와 로코코 양식이 조합된 건물들이 서 있다. 시청 앞 광장의 마스코트인 '우산을 쓰고 키스하는 남녀 학생'의 조각 분수대가 있다. 이 열정적인 동상은 1996년에 제막되었다는데 이 도시가 대학 도시임을 상징한다.

시청 앞 광장 한쪽에는 '기울어진 하우스'가 있다. 1790년대에 지어진 이 하우스는 건물 기초가 한 쪽은 옛 시청 벽에, 또 한 쪽은 나무 파일 위에 있어 점차 기울어졌다 한다. 시청 광장 주변에 벌거벗은 '아버지와 아들' 조각(1977년 제작)이 명물이다. 한 살인 아들의 체격이 아버지보다 더 커 보여서 웃음을 자아낸다.

에스토니아는 북유럽의 조용하고 평온한 나라로서 사람들에게 마음의 평정과 안정감을 준다고 알려져 있다. 방문하는 동안 대학 교정과 거리를 거닐며 그런 기분이 내게 다가오는 듯했다.

가벼운 옷차림으로 시내를 관광하는 날 아침부터 계속 가는 비가 내렸으나 불편한 줄 몰랐다. 거리는 한산하고 조용했다. 또한 여행객들이 드물어서인지 마치 시간이 멈춘 듯했다. 에스토니아가 우리에게는 아직 잘 알려지지 않은 탓인지 유럽 어느 나라에 가도 흔한 한국인 단체 관광객은 만나지 못했다. 기회가 되면 시간여행을 하듯 여유롭게 에스토니아 붉은 지붕의 고도인 탈린의 거리도 걸어보고 싶다. 학술회의나 바쁜 일정이 없는 자유로운 여행객으로 그곳의 거리를 걷고 그곳의 건물들을 즐기는 여행을 꿈꾸며 다시 가고 싶은 곳이 바로 에스토니아다.

• 문예바다, 2024 겨울호

토론토에서의 즐거운 추억

사십여 년 전 봄에 국제지구화학탐광 심포지엄이 캐나다 토론토에서 5일간 개최되었다. 나는 이 국제심포지엄에서 처음으로 논문을 발표했다. 이 토론토 방문이 모교에 교수로 자리 잡은 이후에 처음으로 논문을 발표한 국제학술회의 참가였다.

이 심포지엄에 국내에서는 G연구원의 M 박사와 함께 한국인 두 명이 논문을 발표했는데, 나는 "한국 월악산 화강암체의 다원소지구화학과 광화작용과의 관련성"에 대해 발표했다.

심포지엄 기간 중 인상에 남는 것은 캐나다에서 가장 크다는 토론토대학교 방문과 토론토 남서쪽 해밀턴 지역에 있는 맥매스터대학교 부설 핵반응센터 견학이었다. 토론토대학은 학생 수가 5만여 명이 넘는 큰 대학이었고, 특히 지구화학 분야의 교육과 연구에서는 세계적으로 유명했다.

우리 교민인 L씨의 안내로 나이아가라 폭포와 토론토 시내 코리아타운 구경은 덤이었다. 그는 M 박사와 고등학교 동기이고, 토론토에서 주유소와 기념품 가게를 운영하고 있었다.

이 시기에 캐나다에는 총 6만여 명의 우리 교민이 살고 있었는데 그중 4만여 명이 토론토에 거주했다. 이민 초창기인 1966년에는 토론토의 교민 수는 일백여 명이었는데, 1970년대에 들어오면서 교민 수가 만여 명으로 불어났다 했다. 현재는 토론토 교민수가 약 13만여 명이며 캐나다 전체 교민 수의 절반에 해당한다.

비록 짧은 방문이었지만 시내 몇몇 상점에서 만나본 교민들은 이미 이민 생활 기반이 잡힌 분들이었고, 경제적 여유보다는 시간적 여유가 없어 고국을 방문할 수 없음을 안타까워했다.

토론토 시내를 남북 방향으로 가르는 Young Street를 중심으로 동쪽은 Street 명칭에 East, 서쪽은 West라고 붙여진다. 코리아타운은 Bloor Street West를 따라 상점가를 형성하고 있었다. 이 거리가 우리 교민들의 노력으로 활기 있고 번화한 거리로 바뀌었다는 얘기를 듣고는 더욱 교민들의 생활력에 감탄했다.

교민들이 운영하는 운동기구점, 식당, 기념품점, 여행사 등은 이국이라는 생소한 느낌보다는 오히려 정겨움을 느끼게 했다.

토론토 방문 당시 나는 모교의 신참 조교수였다. 그때만 해도 해외에서 열리는 국제학회에서 논문을 발표하기 위해 출장 가는 교수가 거의 없던 시절이었고, 더욱이 내 전공학과에서는 좀처럼 없던 때였다. 당시는 국제심포지엄에 참가한 학술적 경험은 전공학회지에 소개될 정도로 희소한 연구 활동이었다.

우선 항공료가 워낙 비싸고, 해외 학술회의 참가 출장을 위해 대학에서 또는 연구비 지원이 없던 시기였고, 해외 학술회의에서 논문을 발표할 만한 연구 수준도 그리 높지 않던 때였다.

그 이후로 한국과학재단이 교수의 해외 논문 발표를 지원하기 시작하고, 교수 개인의 연구비도 확보되고 대학에서의 해외 활동 지원이 생기면서 해외 국제학회에서의 논문 발표가 점차 증가하기 시작했다.

1985년 처음 해외에서의 학술논문 발표를 시작으로 적어도 일년에 한두 번 이상은 전공 분야의 해외 학술회의 참석과 논문 발표 계획을 세우고 실행하기 시작했다. 특히 토론토에서는 10년마다의 광물 탐사 심포지엄이 2007년과 2017년에 개최되어 연속 참석하며 논문을 발표하여서 이 도시에 더욱 친숙해진 느낌이다.

토론토에서의 학회 참석 경험은 우선 내 전공 분야의 거물들, 즉 대학 교재인 원서의 저자들 또는 국제학술지에 자주 게재되는 논문 저자들을 직접 만났다는 즐거움, 전공 분야의 세계적인 대학과 연구실 및 연구 시설을 직접 방문하는 경험, 전공 분야의 과거와 현재 그리고 앞으로의 전망 등 학문적 흐름을 조망할 수 있었다는 성과가 매우 컸다.

수평선이 바라보이는, 호수라기보다는 오히려 바다 같은 온타리오호, 깨끗하면서도 조용하던 토론토 시내는 처음으로 캐나다를 방문한 필자에게 좋은 기억이었다. 앞으로 오는 2027년 개최되는 광물 탐사 심포지엄에 다시 참석하려는 준비와 기대를 하고 있다. 이 글을 쓰며 그동안 만나 뵙지 못한 M 박사와 교민 L씨의 안부를 물어야겠다. 당시 내 토론토 왕복 항공료를 지원해 주신 작고하신 선배 A 박사님을 추모해 본다.

• 리더스에세이, 2025 여름호

세 번의 아드리아해 방문

슬로베니아를 세 번 방문하며 아드리아해 해변을 세 번 찾을 수 있었다.

슬로베니아는 발칸의 스위스로 불린다. 유고슬라비아연방에서 1991년 독립한 소국(인구 210만, 면적은 2만 평방km로서 전라도 크기)이다. 유럽연합에 일찍이 가입하였고 국민소득이 연 4만 달러가 넘는 동유럽에서 가장 잘 사는 나라 중의 하나이다. 슬로베니아는 아드리아해에 단지 46km의 해안선을 보유하고 있다.

지난 2004년 6월 수도인 류블랴나에서 수은 오염학회가 개최되어 처음 방문했다. 이 나라에는 세계에서 두 번째로 큰 이드리야 수은 광산이 있어 항상 주변 강대국의 침략 대상이었다. 학회 기간 중 이 수은 광산을 답사할 수 있었다. 수은 광물은 주로 수은 황화물(HgS cinnabar, 진사 辰砂)로 산출되며, 자연수은(Hg)은 유일한 액체 광물이다. 나는 이 광산 갱내 광체에서 영롱한 자연수은 방울을 내 생애 처음 확인한 기억이 난다. 학회 개최 기간 중 반나절 시간을 내어 아드리아해 연안의 항구도시 코페르에 기차로

간 적이 있었다. 이 코페르 항구를 통해 체코-슬로바키아 경계에 있는 현대자동차 공장에 납품되는 물류들이 들어 온다고 들었다.

2010년 12월 초순에 초청 강연과 유럽환경학회 학술회의 참석으로 두 번째 방문하게 되었다. 류블랴나에 도착하여 슬로베니아 지질조사소의 G 박사 마중을 받았다. 지질조사소에서 〈한국에서의 지난 20여 년간의 환경지구화학 연구〉라는 주제로 두 시간여의 초청 강연을 했다. 약 오십여 명의 학생과 연구진이 참석했다. 강연 후 연구소장과 만나 면담하고 늦은 오후에야 점심을 들었다. 강연장에서 받은 질문 중 노장의 한 연구자가 '한국이 이렇게 발전한 줄 미처 몰랐다'라는 찬사가 여전히 기억에 남아 있다.

G 박사가 마련해 준 승용차로 한 시간 반 정도 걸려 학술회의 장소인 포르토로즈까지 편안히 올 수 있었다. 학술발표회는 삼 일간 개최되었고, 나는 광산 주변 오염 토양에 함유된 중금속의 미생물 처리 관련 내용을 발표했다.

내 숙소는 4층이었고 남쪽 방향 창문 앞이 바로 아드리아해였다. 숙소 창문으로 해안에서 돌출된 이스트리아반도 일부가 보였다. 이스트리아반도는 아드리아해의 북쪽에 있으며 대부분은 크로아티아의 영토이다. 이 반도는 생긴 모양이 심장 모양이고 서울 면적의 6배 크기이다.

숙소에서 서쪽 해안가로 약 1km 떨어진 피란 마을을 방문했다. 피란은 이스트리아반도의 서북쪽 끝 해안에 작은 삼각형 모양의 지형을 이루고 있어 하루 이틀이면 전체를 답사할 수 있다. '이스트리아반도의 숨은 진주'라고 불리는 이 마을은 국내 TV 여행 채

널에서도 소개된 유명 관광지이다.

피란은 13세기부터 500여 년간 베네치아 공국의 지배를 받아 당시 지어진 건축물들이 곳곳에 남아 있고, 주민들 대부분이 이탈리아어를 사용한다. '아드리아해의 작은 베네치아'라고도 불린다. 방문 기간이 겨울철임에도 선선하며, 관광객이 없어 한산했고 해변의 식당들도 대부분 휴점 상태였다. 피란 마을 해변에는 모래사장이 없고 방파제로 둘러싸여 있다. 이 해변 산책로를 따라 걸으며 바다와 마을 풍경을 즐길 수 있다. 오랜 중세마을인지라 언덕 중앙에 교회가 있다. 이 마을의 골목골목을 돌며 기념품점에 들르고 해안도로를 따라 걸어도 반나절이면 충분하다.

피란은 유럽에서 18세기에 잘 알려진 음악가 주세페 타르티니(Giuseppe Tartini, 1692~1770)의 고향이다. 마을 광장에 이 나라를 대표하는 음악가 타르티니의 동상이 있다. 타르티니는 기교파 바이올린 연주자이며 작곡가이다. 그는 이탈리아에서 음악 교육을 받아 이탈리아의 음악가로 알려져 있다. 나는 이곳에서 타르티니의 바이올린 연주 CD 하나를 샀다.

이 아드리아해안을 따라 크로아티아를 방문해야지 하는 기대를 했는데, 2017년 여름에 피란을 거쳐 이스트리아반도를 경유하는 크로아티아 여행 기회가 왔다. 세 번째 방문이었다. 해안선 남동 방향으로 크로아티아의 스프리트를 거쳐 최남단에 있는 '아드리아의 진주'라는 두브로브니크까지 여행할 수 있었다.

여름에 방문한 피란은 하늘과 바다가 푸른색을 띠고 반겼다. 바닥까지 훤히 들여다보이는 깨끗한 바다와 방파제에서 일광욕과 바다 수영을 즐기는 아이들과 관광객들을 볼 수 있었다. 교회가 있는 언덕 골목길로 오르면 푸른 바다와 함께 옹기종기 조화를 이루는 분홍색 지붕의 옛 시가지가 내려다보인다. 뒷골목 탐방 후 언덕에서 바라보는 일몰 경치가 일품이다. 미로처럼 얽힌 좁은 골목길과 지중해풍의 창문과 테라스는 베네치아를 연상케 한다. 골목길을 다녀보면 당시 사람들의 아이디어에 감탄하곤 한다. 한 사람 정도 다닐 수 있는 좁은 골목길은 낮에도 그늘져 있어 뜨거운 햇빛을 피할 수 있다. 골목길을 건물 지상층에 마치 터널 모양으로 뚫어서도 연결했다. 이 골목길로 전쟁과 같은 유사시에 도피할 수 있고, 적군이 대규모로 진입할 수가 없었을 것이다. 타르티니 광장과 해변 산책길에 카페, 식당, 기념품점이 있다. 특히 피란 가까이에 오래된 유명한 자연 염전이 있어 14세기부터의 전통 방식으로 소금을 생산하고 있고 그 소금 상품이 특산품이다. 나도 기념으로 소금 상품을 하나 샀다.

지난 14년 사이에 아드리아해를 세 번이나 찾았고, 피란을 겨울과 여름에 걸쳐 각각 방문했으니 내겐 행운이었다. 이곳은 내게 혼잡하고 무더운 여름보다는 조용하고 선선한 겨울에 방문함이 더 좋겠다는 생각이 들게 했다. 지금도 숙소 바로 밑으로 바라보이던 조용한 아드리아해와 중세마을 피란의 아기자기한 풍경이 눈에 선하다.

• 그린에세이, 2025. 1-2.

동유럽 첫 방문기

◦ 폴란드

지난 1994년 9월 중순 국제환경지구화학회 참석차 폴란드 크라쿠프를 일주일간 방문했다. 폴란드에서의 국제심포지엄 개최는 매우 이례적이었는데, 폴란드가 소련의 지배로부터 1990년에 자유화되면서 가능해졌다.

크라쿠프는 17세기 초반에 바르샤바로 수도를 옮길 때까지 폴란드의 수도였다. 크라쿠프는 아름다운 도시로 2000년에 유럽 문화 수도로 선정되었고, 2013년 유네스코 세계 문화유산으로도 지정되었다. 이 도시에는 많은 기념물, 풍부한 건축물 및 교회가 있는데, 그 웅장함은 이탈리아, 독일 및 프랑스의 건축물과 일치한다. 언덕 위의 바벨 왕실 성은 폴란드에서 가장 큰 성 중 하나이며, 500여 년 동안 폴란드 군주의 성좌였다. 시장 광장은 유럽에서 가장 큰 중세 광장이다.

지금은 크라쿠프가 문화 예술 학문의 중심이며, 바르샤바는 정치 경제의 중심이다.

크라쿠프 부근에는 독일 나치의 악명 높은 아우슈비츠 수용소가 있다. 유대인 탈출을 돕는 영화 〈쉰들러 리스트〉(스티븐 스틸버그 감독, 리암 니슨 주연, 1994년 3월 국내 개봉)의 촬영지이기도 하다.

30여 년 전의 크라쿠프는 참으로 쓸쓸한 도시였다. 13세기 중세에 조성된 중앙광장은 성마리아성당이 자리 잡은 유명한 곳임에도 그리 한산할 수가 없었고, 주민들의 무표정과 쓸쓸한 분위기가 여전히 눈에 선하다. 요즈음에는 인기 관광지이니 세월의 변화를 느낀다. 동부 유럽 관광에 폴란드 바르샤바나 크라쿠프는 빠짐없이 포함되는 인기 여행 코스 중의 하나가 되어 있다

당시 나는 김포공항에서 프랑크푸르트-바르샤바를 경유하여 크라쿠프에 도착하였다. 바르샤바 공항에서 환승하며 공항의 카트에 (주)대우 로고가 부착되어 있어 놀랐다. 이 시기에 이미 동구권까지 미친 우리나라 기업의 저력이 놀라웠다. 이미 30년 전의 방문이어서 남은 기억이 많지 않으나, 귀국길에 바르샤바에서 환승하기 전 시내를 반나절 관광했다. 바르샤바 구시가지에서 한국 사람은 물론 아시아계 여행객들은 거의 볼 수 없었다. 바르샤바 시내의 한 작은 상점에 'SAMSUNG'이라는 영어 간판과 폴란드 사람들의 무표정, 가게에 가도 살 만한 생활용품이 별로 없고 쓸쓸한 거리가 아직도 생생하다.

학회는 크라쿠프 광산대학에서 개최되었는데, 대학 소개 자료를 얻으려 하였더니 예산 부족으로 준비가 안 되어 있었고 대학 시설도 낙후되어 있었다. 대학에 북한 유학생이 네댓 명 있었으나 폴란드가 자유화되면서 모두 본국으로 송환되어 갔다는 얘기를 들었다. 학회장에서 영국의 한 대학에 박사과정 유학 중인 제

자를 만나 크라쿠프 시내 중국음식점(당시 한국 음식점은 없었음)에서 저녁을 사 주던 기억이 생각난다.

나는 지난 30여 년 동안 동유럽 국가 중 폴란드, 동독(베를린과 드레스덴, 프라이베르크), 헝가리, 체코, 슬로바키아, 슬로베니아, 루마니아의 도시들을 학회 참석차 또는 초청 강연차 방문하며 대학과 연구소에 단기간 체류한 적이 있다.

이 나라들은 모두 1990년대에 소련으로부터 해방된 국가들이다. 내가 방문한 시기는 이 나라들이 소련에서 벗어난 지 10여 년 정도밖에 안 되어 개발도상국 수준이었고, 소련 지배의 영향이 채 가시지 않은 때였다. 대학의 학과를 소개하는 안내 책자도 없었고 모두 예산 부족이라 하였다. 미술관이나 박물관 전시와 같은 전시 행정은 아주 잘 되어 있었으며 이러한 점이 공산 사회주의 전시행정의 특징인지도 모른다. 일반적으로 식당이나 상점에서는 대부분 현금 거래였고 신용카드 사용은 거의 보지 못하였다. 초청 강연을 하여도 강연료를 지불할 여유는 없었으며 보통 초청자가 식사 한 끼를 대접하는 정도로 예산이 빈약했다.

학구열이나 연구열은 매우 높아서 시설은 노후화되어 있어도 인터넷 지식 습득이 강하고 익숙했다. 연구자나 교수들이 영어에 미숙하고 러시아어에 강한 반면, 젊은 대학생이나 대학원생들은 영어 공부에 열심이던 기억이 난다.

폴란드는 동쪽의 러시아와 서쪽의 프로이센(독일) 두 강대국 사이에 위치하고 동부나 서부 국경지대가 모두 평지여서 쉽게 침공 당할 수 있는 지형이다. 폴란드는 오랜 기간 주변 강대국의 지배를 받거나 나라도 없이 살아온 역사를 지니고 있어 우리와 동병상련의 느낌이 드는 나라이다. 그 때문일까 나는 유난히도 이 나라에 관심이 높다.

• 한국문학인, 2025 여름호

봄날의 영월 탐방기

얼마 만에 찾은 영월인가. 2025년 4월 하순 '수필의 날' 영월대회에 참석차 영월을 찾았다. 내가 기억하는 이곳은 1960~1970년대 석탄산업의 중심지였다. 당시 국내의 주요 금속 광산과 석탄 광산이 강원도 지역에 분포하여 전성기를 이루던 곳이다.

내가 1970년대 대학원 학생 시절과 1980년대 젊은 교수 시절 빈번히 찾던 곳이다. 당시는 주요 교통수단이 청량리에서 출발하는 태백선 열차였다. 원주를 지나 제천-쌍룡-영월-예미-함백-사북-고한-황지(지금의 태백) 가는 국도도 있었으나 비포장 험한 길이어서 기차가 편했다. 지금이야 이 국도가 고속화되어 서울에서 영월까지 두 시간 반 정도면 도착한다.

수필의 날 기조 강연은 김호운(한국문협 이사장) 수필가의 '문학은 우리에게 무엇을 주는가'였고, 심포지엄 주제는 '이야기가 있는 영월 문화유적과 단종문학에 대한 고찰'이었다. 공광규 시인은 영월 문화유적과 장소를 강연하며 그 대중 친화적 콜라보의 미래를 주제로 사람들은 이야기에 끌리니 이야기 생산 토양을 만들자고 제안했다. 김윤승 지리산문학관장은 단종문학의 4강 8목을 주제로 강연하며 단종어제의 문학, 단종충신(사육신, 생육신, 심육신)의 문학, 단종유적의 문학을 언급했다.

제1부에서의 행사 진행과 수필인 상 시상과 낭독, 축하 공연 등의 지연으로 제2부의 심포지엄 일정인 주제발표와 질의 토론 시간이 너무 제약된 아쉬움이 있었다. 나는 일정상 심포지엄 행사까지 마치고 상경해야 해서 이 글로 영월과 관련한 나의 전공 관심사와 인연을 소개해 본다.

영월군 북면 마차리에 있던 영월탄광은 국내 최초의 탄광촌이었다. 1935년에 개광되었고, 광복 이후 1950년 대한석탄공사 창립으로 광업권 및 운영권이 이관되었다. 1964년도에는 생산량이 30만 톤에 이를 정도로 중요한 탄광이었다. 탄광이 번창하던 1960~1970년대에는 영월군민의 절반에 해당하는 6만여 명이 거주하던 큰 마을이었다. 대한석탄공사 영월광업소가 1972년에 폐광되고, 1980년대 들어서는 석탄산업이 사양화되면서 광부들 대부분이 이 마을을 떠났다. 지방자치단체에서는 잊혀 가는 탄광촌의 모습을 재현하고 지역경제에 도움이 되고자 강원도 탄광문화촌을 2009년 10월에 개관하였다.

탄광문화촌은 1960~1970년대 석탄산업의 중심지였던 영월군 북면 마차리의 탄광촌과 폐광산을 옛 모습 그대로 복원한 곳이다. 과거의 석탄 광산을 직접 체험할 수 있도록 탄광 마을 생활관, 탄광 갱도 체험관, 탄광 문화 현장학습장 등으로 구성되어 있다. 야외에는 석탄 광산에서 실제 사용하였던 권양기, 광차, 공기압축기 등의 채탄 장비를 전시하였다. 생활관 뒤편에는 산업 전사 위령탑이 있으며 탄광촌을 둘러보는 산책로와 야외 공연장이 조성되어 있다.

오십여 년 전 영월은 단종이 묻힌 장릉 이외에는 장날이 서는 쓸쓸한 지역이었다. 지날 때마다 불쌍한 단종을 떠올리며 조카를 죽이고 왕좌에 오른 수양대군 세조를 미워하곤 했다. 단종(1441~1457)은 10세에 즉위했으나 숙부 세조의 정변으로 14세에 양위하였고 영월 청룡포로 유배되었다가 16세에 사사되었다. 16세라면 중학교 3학년이나 고등학교 1학년 청소년이 아닌가. 육백여 전의 세조는 어찌 이리 패악하고 잔인한지 묻지 않을 수 없다. 세조(1417~1468)는 37세에 즉위하여 재위 기간은 13년에 불과했다. 재위하는 동안 불교에 귀의하였고 말년에는 피부병으로 고생했다. 독성 중금속 오염 전문가의 안목으로 보면 피부병은 비소 중독으로 여겨진다. 소설적 상상일지 모르나 왕이 드는 음식물에 비소를 조금씩 투여한 결과일 것이다. 비소가 인체에 흡수되면 피부병을 일으키며 섭취량이 절대량에 이르면 사망에 이르기도 한다.

단종제는 1967년에 시작되었고, 금년(2025)이 단종문화제 58주년이다. 오는 2027년이 60주년이며 단종이 승하한 지 570년이어서 큰 행사를 준비한다 했다. 특히 1995년에 시장, 군수 등의 지방자치 선거가 시작되며 지역 문화제의 발전을 가져왔다. 지역마다 역사 유적지와 관광지의 개발과 주민들의 애향심 고취의 결과는 매우 크다. 영월에서는 봄에 단종문화제, 가을에는 김삿갓문화제가 대표적인 문화 행사이다.

  이 년 후에 잊지 않고 영월 단종문화제에 꼭 참석한다는 기대를 해본다.

산호섬 미야코지마

미야코지마(宮古島)는 미야코섬(島)이라는 뜻이며, 일본 오키나와현에 속한다. 오키나와에서 남서쪽 300km에 있고, 미야코섬 서쪽 320km에 대만이 있다. 인천공항에서 남쪽으로 두 시간 반 비행 거리이며, 우리와 시간 차이는 없다.

면적은 204km²로서 서울시 전체 면적의 1/3 정도이며, 인구는 5만 3천 명 정도이다. 북위 25도 위치여서 연중 온화하다. 2024년 5월 국내 항공이 처음 취항하여 잘 알려진 관광지는 아니지만 여행에 해박한 지인 소개로 지난 6월 중순 방문했다.

미야코섬은 주위의 작은 3개 섬(이라부, 이케마, 쿠리마)과 바다를 가로지르는 긴 다리로 연결되는데, 그 모습이 장관이다. 북서쪽에 이라부섬과 이라부 대교(길이 3,540m, 2015년 개통)로 연결된다. 길이가 3.5km에 달하는 이 다리는 아치형을 보이며, 이 섬에 인천공항과 연결되는 시모지시마(下地島) 공항이 있다. 북쪽 끝에 있는 이케마섬과 이케마 대교(1,425m, 1992년 준공)로 연결되며, 남서쪽에서 쿠리마섬과 쿠리마 대교(1,690m, 1995년 개통)로 연결된다.

공항 규모는 단층으로 작은 편이다. 비행기에서 내려 공항 건물로 직접 걸어 간다.

공항에서 숙소까지 50여 분 가는 동안 섬에서 흔히 보이는 언덕이나 산악이 없는 평평한 지형이고 도로 주변으로 농작물 경작지만 보여서 특이하다 했다. 숙소 해안가에서 보이는 암석 노두들과 하얀 자갈 조각들을 보고서야 이 섬이 산호섬임을 알게 되었다. 아직 대중교통은 없어 걷거나 승용차로 이동해야 한다. 주요 산업은 농업(사탕수수, 담배, 망고 등)과 관광업 및 주조업, 화학공업이다.

내가 3박 4일간 묵은 숙소는 미야코섬의 최남단 해안에 있는 시기라(Shigira)리조트인데 각각 독립된 단층 가옥으로 이루어져 있다. 시기라 리조트는 '세븐 마일즈'라고 해서 해변을 따라 휴양 시설이 약 11km에 걸쳐 조성되어 있다. 늦은 오후 숙소 옆 해변 숲길을 산책했다. 숲길 오솔길은 울창하고 분위기가 좋았으나 문제는 커다란 거미와 거미줄이었다. 첫날 밤은 구름이 끼어 달도 부옇고 주변은 칠흑 같은 어둠이어서 기대한 별 보기는 어려웠다.

첫 해수욕은 숙소 주변 작은 규모의 시기라 비치에서 했다. 맑고 푸른 수면으로 파도도 별로 없다. 아이를 데리고 온 젊은 관광객을 셀 수 있을 정도로 한산하다. 관광 시즌인데도 붐비지 않음은 아직 이 섬이 널리 알려지지 않은 탓이리라. 숙소 주변 고급 리조트 연못에서는 대형 거북이를 양식하고 있다. 모이 주는 오전 일정 시간에 연못 가로 갑자기 나타나는 거북이 떼를 볼 수 있다.

전망이 좋은 쿠리마 리조트의 시우드 호텔 부속 일본식 식당에서 점심을 했다. 이 리조트는 쿠리마 섬의 북쪽 해안가에 위치하며 해안을 끼고 계단식으로 지어진 단독 주택들을 숙소로 제공하고 있었다. 도로를 단장하는 진한 청색이 바다와 잘 어울려 보였다. 쿠리마 대교가 잘 보이는 모래사장 비치에서 한낮의 해수욕을 즐겼다. 에메랄드빛 바다와 한가한 모래사장이 인상적이었다.

미야코섬의 북쪽 끝에 있는 설염(雪塩) 가게를 방문했다. 작은 매장과 교실에서 관광객을 위한 강의와 실습으로 이 소금 제품의 특성과 건강상의 장점을 홍보하고 있었다. 이케마 대교를 지나 이케마섬 마을을 지났다. 전형적인 어촌마을로서 해안가에서 모래사장과 특히 산호 노두를 잘 볼 수 있었다.

미야코섬 북단 서해안에 해중(海中)공원이 있다. 지상에서 해저 터널 공간으로 내려가면 29.6m x 5m 공간, 즉 150m² 공간에 대형 창문이 20개 있다. 이 창문으로 해저의 다양한 색상의 열대어들을 관찰하는 자연 해양 수족관이다. 지상에는 산책하는 공원과 카페, 식당이 있고 해발 91m의 전망대와 주변에는 비치도 있다. 해중공원 주변 비치 입구의 안내판에는 우리 한글로 '조심하자', '해변 이용에 관한 주의 사항'이 보인다. 작은 모래사장 해변으로 여전히 한가했다.

이라부섬 시모지시마 공항 부근에는 도리이케가 있다. 이케는 지(池), 연못이라는 의미이다. 두 개의 맞닿은 연못이 천연 다리로 연결되어 있다. 동북쪽 연못은 직경 약 55m, 수심 약 25m이고, 남서쪽 연못은 직경 약 75m, 수심 약 25m이다. 폭 10m 크기의 석회암 동굴로 바다와 통하고 있으며, 조수 간만의 차이에 따라 수심이 변한다.

공항 옆으로는 빼어난 산호 해변과 산책길이 있다. 공항으로 들어오는 항공기가 멀리 점으로 보일 때부터 사진 촬영을 시작하였는데 순식간에 착륙하고 있었다.

6월 중순 3박 4일간의 짧은 미야코섬 방문이었다. 조용한 산호 비치와 멋지고 가지런한 해안가의 숙소, 미야코섬과 3개의 작은 섬으로 바다를 가로지르며 연결되는 긴 다리, 소금 상품점, 해중공원, 대형 거북이 양식, 공항 근처의 멋진 산호 해안과 산책길, 신비한 바다 연못 모습이 여전히 생생하다. 다음에는 뜨거운 여름이 아닌 다른 계절에 이 한가한 섬을 다시 한번 방문하고 싶다.

• 서울공대 웹진, 2024 가을호

플리트비체와 라스토케를 찾아

크로아티아는 발칸반도에 있는 동유럽 국가로서 지중해와 연결된 1,780여 km의 아드리아 해안선을 따라 고대와 중세 유적과 자연 친화적인 관광지로서의 명성을 얻고 있다.

크로아티아를 1991년 보스니아 내전으로 처음 알게 되었다. 책으로는 『두브로브니크는 그날도 눈부셨다』(권삼윤, 1999)로 이 나라를 접하게 되었고 '언젠가는 가야지' 하고 생각했다. 두브로브니크는 크로아티아 최남단의 항구도시이다. 특히 이탈리아 피렌체에서 2004년 여름 열린 국제학술대회에서 열심히 크로아티아 관광을 홍보하는 모습에 더욱 가고 싶어 했는데, 마침내 2017년 여름 첫 방문 기회가 왔다.

크로아티아의 유명 관광지는 대부분 북서-남동 방향의 아드리아 해안선을 따라 이스트리아반도-자다르-시베니크-스플리트-두브로브니크에 걸쳐 있다. 수도 자그레브 남쪽에 있는 플리트비체와 라스토케는 내륙에 위치한다.

유럽인들이 가고 싶어 하는 세 곳이 스페인 남부 안달루시아

지방, 프랑스 남부 프로방스 지방, 이탈리아 토스카나 지방 등 모두 지중해 연안이다. 지난 1990년대 초 동유럽 국가들이 민주화로 개방되자 유명 관광지가 더 알려진 듯하다. 예를 들면 크로아티아의 플리트비체 호수 국립공원은 유럽인들이 죽기 전에 한 번은 들러야 한다는 평판이 있는 곳이 되었다. 한국에서는 2013년 12월~2014년 1월 〈꽃보다 누나〉라는 TV 방영 여행 프로그램으로 크로아티아는 더욱 알려졌다. 내가 보기에 우리에게 크로아티아가 찾고 싶은 관광지로 널리 알려진 지가 십여 년밖에 안 된다.

자연 친화적인 대표적 관광지인 플리트비체 국립공원과 라스토케 마을을 소개한다.

플리트비체는 1949년 국립공원으로 지정되고, 1979년 유네스코 자연유산에 등록되었다. 해마다 백만 명 이상의 관광객이 다녀간다는 크로아티아 최고의 관광지이다. 울창한 자연림으로 둘러싸인 16개의 신비한 호수, 하늘에서 떨어지는 듯한 100여 개의 폭포 줄기, 호수 위와 주변의 나무다리와 데크 산책길, 마치 요정이 사는 동네를 보는 듯한 착각마저 불러일으키는 곳이다.

이 국립공원 면적은 295km²이며 호수는 2km²이다. 각도에 따라 다른 색깔로 빛나는 물빛은 투명한 파란색에서 청록색까지 물의 깊이에 따라 변화한다. 지질이 석회암과 돌로마이트와 같은 탄산염 암석이어서 물속에 용해된 석회 침전물(탄산칼슘)이 호수 바닥과 둑에 쌓여 맑고 투명한 청록색과 에메랄드 물빛을 보인다. 공원은 유럽에서 가장 아름다운 자연미를 느끼는 곳 중 하나라고 평가한다. 주변에는 나무가 울창하게 우거진 높은 산과 숲들, 골짜기엔 계단식 구조로 이루어진 16개의 신비한 호수가 폭포로 연결되어 있다.

이 국립공원은 수도 자그레브에서 남쪽으로 140km에 위치하며, 차량으로 두 시간 정도 거리이다. 국립공원 내의 코냐크 호수는 유일한 구형의 물결이 없는 거울 같은 호수여서 선착장에서 배를 타고 이동할 수 있다. 여러 산책로와 조망대가 구비되어 있어 호수 주변으로 또는 호수를 가로지르는 보행자 전용 다리와 오솔길, 나무 데크길를 따라 산책할 수 있다.

플리트비체는 400년 전까지만 해도 사람의 발길이 닿지 않아 악마의 정원으로 불렸으나, 지금은 숨겨진 판도라 상자라고 불릴 정도로 자연의 신비로운 정취를 보이는 유럽의 유명 관광지가 되었다. 나는 다양한 빛깔의 호수 표면을 보며 호수 주변 산책길과 나무 데크길을 따라 걸으며 이렇게 자연환경이 아름다운 나라가 민족과 종교 갈등으로 치열한 내전을 겪었다니 이해할 수 없었다. 이곳에 올 때까지 거의 이십여 년이 걸렸지만 잘 왔다는 느낌을 지울 수 없었다.

플리트비체에서 북쪽으로 차로 삼십여 분 이동하면 동화 속 세상의 요정이 사는 듯한 한적하고 작은 물의 마을 라스토케를 만난다. 여러 작은 시내 같은 강과 폭포가 마을을 가로지른다. 라스토케는 '강이 갈라지는 곳'이라는 뜻이다. 코로나 강이 세 갈래로 갈라지는 곳에 있다. 이 물의 마을은 약 300년 전에 폭포를 이용해 물레방아를 만든 데서 마을 역사가 시작되었다. 지금은 20여

채의 집 바닥 아래 물레방아가 설치되어 있고 일부는 아직 보리를 빻기 위해 돌아가고 있다.

작은 폭포들이 만들어 내는 시원한 물소리를 들으며 그림 같은 풍경을 바라보며 작은 카페 야외에 앉아 차를 마시던 기억이 여전히 남아 있다. 이러한 낭만적 기억은 그리 많지 않다. 파란 하늘과 호수, 우거진 숲과 편리한 오솔길과 물소리, 잘 정리된 동화 속 마을은 내게 다른 세상에 와 있는 느낌이었다. 흐르는 깨끗한 물에 서식한다는 송어 요리가 명물이라 하여 나는 수년 전 태백산 지역 깊은 계곡 골짜기의 송어 양식장에서 송어회를 먹던 기억이 났다.

둘러보기에 한 시간이면 충분한 이런 작은 마을에서 적어도 일주일 또는 한 달간 책을 읽으며 글을 쓰고 산책하는 일상이 있게 된다면 얼마나 좋을까 상상해 본다. 앞으로 언제 아름다운 에메랄드빛 호수와 자연 폭포가 있는 이 동화 같은 물레방아마을을 다시 방문할 수 있을까. 지금도 나는 아드리아 해안선을 따라 여행을 꿈꾸고 있다. 고대와 중세 유적지와 푸른 하늘과 바다와 맞닿은 섬들이 여전히 아른거린다.

• 서울공대 웹진, 2025 봄호

한탄강 주상절리길을 찾아

지난 10월 중순 철원 한탄강 주상절리길을 찾았다.

맑고 시원한 가을이 충분히 느껴지던 날이었다. 한탄강 주상절리길은 신철원 부근의 드르니게이트로 들어가서 강을 북쪽으로 거슬러 올라 순담게이트로 나오는 코스이다. 이 코스는 총길이가 3.6km, 폭이 1.5m이다. 한탄강의 대표적인 주상절리 협곡과 다양한 암석으로 가득한 순담계곡에서 절벽과 허공 사이를 따라 걷는 잔도(棧道)이다. 잔도는 절벽과 절벽 사이에 걸쳐 놓은 다리 길이다. 아름다운 풍경과 아찔한 기분을 동시에 경험하는 '느낌 있는 길'이다. 위도는 38도 10분에 위치, 3.8선 이북이다. 이 코스는 순담게이트에서 남쪽으로 드르니게이트를 향해 걸을 수도 있다. 내가 걸어 보니 약 한 시간 반 정도 걸리는 걸음이었다. 중간중간 코스에 오르내리는 계단이 많아서 평지에서 걷기보다 두 배 정도 더 걸린다. 산책길과 계단이 걷기 어려울 정도는 아니다.

주상절리(柱狀節理)는 지표에 노출된 용암이 급격히 냉각되며 굳어질 때 부피가 줄어들어 수직으로 쪼개지면서 만들어지며

5~6각형의 표면을 보인다. 국내에서는 현무암 분포지에서 잘 보이며 지질공원의 명소이다. 현무암은 염기성 화산암 중의 하나로서 용암으로 산출된다. 바다 밑 해저부에 형성되거나 화산 열도를 형성하기도 하고, 대규모 고원(예: 인도의 데칸고원)을 형성하기도 한다. 국내에서 대표적인 현무암 용암 분출지역으로 주상절리를 잘 보이는 지역은 제주도 서귀포 중문 대포 해안. 경기도 철원-연천-전곡 부근의 한탄강 일대, 울산광역시 북구 강동동 해안 부근이다. 제주도의 현무암 주상절리는 해안에서 발견되지만, 경기도 한탄강 주변의 현무암 절리는 하천이나 협곡에서 발견되는 점이 특징이다. 현무암은 판상절리를 보여주기도 하는데, 마치 물고기 비늘 모양이며 가로 방향으로 쪼개진 절리이다.

주상절리길은 이 지역에서 북쪽에서 남쪽으로 흐르는 한탄강의 계곡 동쪽 사면을 따라 조성되어 있다. 실제 주상절리를 광범위하게 보이는 절경 구간의 절벽은 잔도의 반대편 서쪽에 있다. 잔도에서 수십 미터 떨어져 있어 주상절리 모양이 개별적으로 명확히 보이지 않고 풍화되어 있으나 전체 주상절리 군을 볼 수 있다.

철원지역 방문은 오랜만이었다. 오래전 철원지역 문학탐방에 참가할 때 노동당사와 비무장지대의 제2땅굴을 견학한 적이 있었는데, 그 사이에 철원지역은 한탄강 유네스코 지질공원을 개발하며 놀라울 정도로 발전해 있었다. 철원은 한탄강을 중심으로 화산지형과 하천 지형이 공존하는 유명 관광지이다. 철원군 일대는 신생대 제4기에 분출한 염기성 용암류인 현무암이 계곡을 메우면서 용암대지가 형성되었는데, 하천(한탄강)에 의해 다시 풍화되며 협곡 지형이 발달한 곳이다. 이러한 한탄강 협곡을 중심으로 다양한 지질공원 풍광이 형성되어 있다. 내가 방문한 장소들은 한나절 코스여서 한탄강 주상절리길, 유네스코 지질공원 내 고석정, 고석정 꽃밭, 승일교(한국전쟁까지 한탄강의 유일한 다리인 이승만-김일성 다리) 등이었다.

고석정은 한탄강 중류에 있는 정자와 그 주변을 아우른 지역이며. 현무암 계곡 지형으로 양쪽은 절벽이다. 한탄강 중앙에 높이 10m 정도의 거대한 화강암 거암봉(거석)과 정자가 있다. 철원 일대의 기반암인 화강암이 현무암질 용암으로 덮여있다가 한탄강 계곡에서 침식을 받아 다시 화강암이 드러난 곳이다. 이곳에서 2km 떨어진 순담계곡과 함께 기념물로 보호되고 있다. 〈허준〉〈군도〉〈전우치〉 등 드라마 촬영이 많았던 장소이다.

철원은 16세기 중엽 활동한 의적 임꺽정의 근거지로 알려져 있다. 우람한 체격의 임꺽정 동상을 보며 오랜 기간 잊고 있다가 최근에 읽기 시작한 벽초 홍명희의 소설『임꺽정』을 기억했다.

당일 코스로 철원 한탄강 지질공원과 그 주변 관광지를 모두 둘러보기는 어려웠다. 여유를 내어 수일간 이곳을 다시 방문해야겠다는 생각이 들었다. 교통이 편리하여 서울에서는 한 시간 정도면 도착한다. 관내 유료 관광지는 매주 화요일이 휴무이다. 특히 지질공원 내 식당에서 매운탕 식사도 빼놓을 수 없는 즐거움이다.

한탄강 주변 지질공원 답사에 도움이 될 도서를 소개한다.

(원종관 외, 2010, 한탄강 지질 탐사 일지, 지성사, 232쪽).

• 서울공대 웹진, 2024 겨울호

육지 속의 섬마을 회룡포를 찾아

화창한 10월 중순 경상북도 예천군 지보면에 있는 회룡포를 찾았다.

버스 주차장에서 오르막길로 이십여 분 오르니 비룡산 장안사이다. 장안사는 산 중턱에 자리 잡고 있으며 신라의 고찰이다. 장안사 뒤편의 223계단을 오르면 회룡대에 닿는데, 이곳에서 회룡포를 조망한다. 회룡포는 국가 명승 제16호이다. 회룡대에서 보이는 회룡포는 강 가운데 삼각주를 이루고 완전히 되돌아 나가는 (지질학적 용어로는 미엔다링meandering이라 한다) 자연경관을 보인다.

'산과 강이 어우러져 빚어 놓은 신비한 자연의 절경 회룡포는 낙동강 지류인 내성천이 350도 휘돌아 나가는 육지 속의 섬마을로 우리나라에서 가장 빼어난 경치를 자랑하는 물돌이 마을이다'라고 소개되고 있다.

회룡대에서 내려다본 회룡포는 강물이 줄어서인지 모래사장이 더 넓게 보이고 관광 안내 사진으로 소개된 모습보다 덜 실감이 난다. 강물은 마치 흐름이 정지된 듯 보인다. 회룡포는 낙동강의 지류인 내성천이 용이 비상하듯 물을 휘감아 되돌아 간다 하여 붙여진 이름이다. 높이 190m의 비룡산을 다시 350도 되돌아서 흘러나가는 '육지 속의 섬마을'이다. 맑은 물과 백사장이 어우러진 천혜의 경관을 가지고 있다.

비룡산에는 숲속 등산로와 산책 코스가 있으며 등산로를 따라가다 보면 낙동강, 내성천, 금천이 합쳐지는 삼강(三江)이 보인다. 천혜의 자연경관과 역사적 정취가 살아 숨 쉬는 이곳 회룡포 마을에서는 야영과 민박도 가능하다. 회룡대에서 내려와 계단 입구 거대한 화강암 나무아미타불상을 보고 증명사진을 찍고 내려왔다.

예천 삼강문화단지를 방문했다. 삼강 절경은 낙동강, 내성천, 금천 등 세 개의 강이 만나 흘러가는 곳이다. 낙동강 마지막 주막인 삼강 주막과 500년이 넘은 회화나무가 있다. 원래 이곳은 1900년대에 지은 보부상 숙소와 삼강의 사공 숙소가 있었던 곳이다. 당시 삼강은 한양으로 통하는 길목으로 물류 이동이 매우 활발하였다. 언제나 보부상과 길손들이 이어졌고 장날이면 나룻배가 30여 차례나 오갈 만큼 분주했다. 밤이 되면 낯모르는 사람들이 호롱불에 둘러앉아 야담을 나누면서 잠을 청하던 곳이 보부상 숙소이며, 옆에 있는 작은 오두막은 길손을 위해 기꺼이 노를 잡았던 사공이 기거하던 곳이다. 당시 건물은 1934년 대홍수로 모두 멸실되었으나 마을 어른들의 증언과 고증을 바탕으로 2008년 복원되었다.

1900년경에 지은 이 주막은 규모는 작지만 그 기능에 충실한 집약적 평면 구성의 특징을 보여주고 있어 건축 역사 자료로서 최소가치가 클 뿐만 아니라 옛 시대상을 읽을 수 있는 지역의 역사와 문화적 가치를 간직하고 있다.

삼강 나루터는 수륙교통의 요충지이다. 선비나 장사꾼들이 문경새재를 넘어 서울로 갈 때 반드시 거쳐 가던 길목이었으며, 나루터 주변은 농산물의 집산지였고 대구와 서울을 연결하는 군사도로였기에 1960년대까지 성황을 이루었던 곳이다. 더구나 이곳에는 강을 이어주는 나룻배 두 척이 오갔는데 큰 배는 소와 각종 물류를 수송하는 수단으로, 작은 배는 사람을 태우는 교통수단으로 이용하였으나 인근 교량 설치로 인하여 1980년경 나룻배 운행이 중단되었다.

주막 근처에 한아름들이 돌덩이들이 놓여 있어 궁금했는데 '들돌'이라 부름을 처음 알았다. 들돌은 일반적으로 농촌의 청년이 장성하여 농부로서 인정받는 의례에서 생겼다. 나루터와 주막을 중심으로 많은 물류의 이동에 따라 인력이 필요하게 되었으며 이 돌을 들 수 있는 정도에 따라 품값을 책정하는 도구로 사용하였다 한다.

주막 앞에서 자원봉사 가이드의 역사 설명을 들은 뒤 막걸리와 두부, 도토리묵, 야채전을 즐겼다. 삼강문화단지에서 서울로 출발한 시각이 오후 여섯 시 반경, 이미 사위는 어두워지고 있었다. 여름 계절 중의 관광은 낮이 오후 8시까지 계속되어 늦게까지 주변 경치를 즐기는 기쁨이 있으나, 10월 중순의 아쉬운 점은 바로 낮이 짧다는 점이다.

• 서울공대 웹진, 2025 여름호

강남 한복판에 있는 왕들의 안식처

서울 강남에 지하철 선릉역과 선정릉역이 있다. 2호선 선릉역은 1980년 10월에 개통되었으니 45년이나 되었다. 선정릉역은 9호선과 수인·분당선의 환승역이다. 9호선이 2015년 3월에, 수인·분당선이 2012년 10월에 개통되었으니 이미 10년이 넘는다. 역 주변은 강남 도심 한복판의 주택과 빌딩 밀집 지역에 있는 왕들의 안식처이다. 공원처럼 잘 조성된 소나무 숲과 야산이 있어 산책로로 인기가 높다.

선정릉에는 조선 9대 성종(1457~1494)과 정현황후의 무덤인 선릉과 이들의 아들인 11대 중종(1488~1544)이 홀로 묻힌 정릉이 있다. 선릉과 정릉을 합쳐 선정릉이라 한다. 성종이 승하하면서 1495년에 경기도 광주군 언주면 저자도리에 안장하였고, 1530년 정현왕후가 승하하자 같은 자리에 안장한 곳이 지금의 선릉이다. 중종이 1544년 승하하자 선릉 주변에 모셔 정릉이 되었다.

지난 1963년 이 일대가 서울 성동구로, 1975년에는 강남구로 분리되며 개발되었다. 이 선정릉 일대는 동서남북으로 거의 한 블

록이며 문화유산 역할과 공원 역할을 하고 있다. 선정릉을 지키는 사찰이 봉은사이다.

이 두 역을 수없이 지났으면서도 금년 늦은 봄에야 처음으로 지인들과 이곳을 찾았다. 지인들 대부분이 선정릉 방문이 처음이라 했다. 서울 강남에 조선조의 왕릉이 존재함에도 부근 전철역을 수시로 지나면서 지난 45년 동안 가보지 못했다. 고작 2시간이면 충분히 둘러볼 수 있는 곳인데 말이다.

선정릉 입구를 들어서면 왼쪽(서쪽) 오솔길을 따라 먼저 재실에 들른다. 재실은 제례를 지내기 전 제관들이 미리 도착하여 몸과 마음을 정화하고 제례를 준비하는 곳이다. 다음에는 선릉과 정릉 관리소인 역사문화관에서 조선 왕릉의 공간 구성과 분포도, 세계유산 선릉과 정릉의 안내, 선릉과 정현왕후의 선릉 설명, 중종의 정릉 설명 등 자세한 안내와 정보를 얻는다.

이곳을 지나면 홍살문에서 정자각까지 박석이 깔린 길이 보인다. 왼쪽에 조금 높은 길이 향로(香路)이고, 제향 시에 재실에서 출발한 향과 축문을 들고 다니는 길이다. 오른쪽에 조금 낮은 길이 제향을 드리기 위해 왕이 다니는 어로(御路)이다. 정자각에서 왼쪽(서쪽)으로 보이는 왕릉이 성종 무덤이고, 오른쪽(동쪽)이 정현왕후 무덤이다.

성종은 예종이 1469년 승하하자 12세 나이로 왕위에 올라 38세에 승하했다. 정현왕후 윤 씨는 1473년(성종 4년) 후궁이 되었고, 1479년 당시 왕비였던 연산군의 생모 윤 씨가 폐위되자 이듬해 왕비로 책봉되었다. 중종반정 때에 왕대비의 권한으로 연산군을 폐위하고 아들 중종의 즉위를 허락했으며(1506, 중종 18세) 1530년 69세에 승하했다.

조선 전기에 태평성대를 누린 성군으로 묘사되는 성종이 한창 나이인 38세에 승하했음을 처음 알았다. 성종은 할머니 정희왕후(제7대 세조의 왕비)의 추대로 즉위했다. 어머니가 세조의 맏며느리인 유명한 인수대비이다. 정희왕후는 성종이 즉위 후 20세가 될 때까지 7년간 섭정했다. 연산군의 어머니인 계비 윤 씨를 폐출하고 사약을 내린 사건이 다음 왕위를 계승한 연산군의 갑자사화(1504)의 원인이 되었다.

중종의 무덤인 정릉은 선릉 동쪽에 있으며 산책할 정도의 거리에 있다. 정릉은 단릉으로서 왕비의 무덤이 없다. 중종과 함께 묻히기를 바란 문정왕후는 이곳에 묻히지 못하고 태릉에 홀로 묻혔는데, 이곳이 매년 여름이면 침수되는 저지대였다.

'정릉은 한줄기 소나기만 지나가도 정자각 앞이 질퍽거리는 물논이나 다름없다. 장마로 물이 불어났을 때는 홍살문 근처에 배까지 띄워 보기에도 민망했다'는 기록이 실록에 있다(이규원, 2017, 『조선왕조실록』).

최근까지도 장마철이면 이 지역은 물난리를 겪곤 했다.

야사에서는 중종이 문정왕후와 함께 묻힘을 거부했다는 일화가 있다. 중종은 3명의 왕비와 7명의 후궁이 있었음에도 죽어서도 외로운 신세가 되었다고 전한다. 중종은 19세에 즉위하여 38년을 재위했다.

중종의 무덤인 정릉(靖陵)은 성북구 정릉동에 있는 정릉(貞陵)

과 다르다. 이 능은 태조 이성계의 계비인 신덕왕후 강 씨가 안장된 곳이다.

나는 선정릉을 돌아보며 성종이나 중종보다 연산군을 더 떠올렸다. 연산군은 성종의 장자로서 1494년(18세)부터 1506년(30세)까지 13년간 통치했다. 즉위 전부터 똑똑한 왕자라고 평가되었다. 1504년 갑자사화부터 2년여간 그 포악함이 극에 달했다고 기록되어 있다. 어머니 윤 씨의 왕후 폐위와 사약을 받은 억울함을 보복으로 갚은 연산군의 패악질은 성군으로서는 절대 행해서는 안 되는 행위라고 간주되었다. 왕이 제정신이 아니고 미쳐 날뛸 때 주변의 신하들이나 왕족들은 무엇을 하고 있었을까. 나는 이런 때마다 지도자 주변의 인사들이 의심스럽다. 정말로 충성을 다하는 신하라면 말리고 이성을 찾게 하여야 하지 않을까. 오히려 동조하고 부채질하며 상황을 더 극단적으로 이끌면 마지막은 모두 파멸임을 알 터인데 말이다.

강남 한복판에 공원처럼 잘 조성된 왕들의 안식처를 둘러보는 것도 더위를 이기는 한 방법인 것 같아 권해 본다.

• 서울공대 웹진, 2025 가을호

황당한 별장

금년 늦여름 속초를 다녀오는 길에 북쪽의 고성을 찾았다. 다행히 운전 잘하는 사위 덕택에 동해안 해안선을 따라 빠르게 이동할 수 있었다. 고성 화진포 해수욕장은 유명 관광지라는 소문을 익히 들어서 낯설지 않았다.

여름 휴가철이 끝난 때이고 내가 찾은 시간이 늦은 오후여서 해변은 한가했다. 해변의 포말을 보니 푸른 바다를 실감하게 했다. 해안 길목에서 우연히 마주친 김일성-이기붕 별장 안내 화살표를 보며 '이건 뭐지' 하는 생각이 들었다. 이 부근에 이승만 별장과 김일성 별장이 있다는 소문을 들은 적이 있으나 이기붕 별장은 의외였다. 광복 후에 김일성 별장이, 한국전쟁 후에는 이승만과 이기붕 별장이 있었다고 한다.

화진포는 고성군 거진읍 화포리에 있으며 38도선 이북에 있다. 동해 연안에 형성된 석호(바닷가에 사주가 발달하며 만이 바다에서 분리되며 호수를 형성)로서 최대 규모 면적이 2.39km², 호수 둘레 16km이다. 석호 지형으로 바다와 호수 사이의 모래 사장이 해수욕장이다.

  이승만 초대 대통령 별장 기념관은 1954년에 27평 규모로 신축하여 1960년까지 별장으로 사용했다. 그 이후 이 건물이 방치되어 폐허로 철거되었던 것을 새로 지어 육군관사로 사용해 왔다. 육군에서는 1999년 현재 위치에 별장 건물을 복원하여 역사적 자료와 유품을 전시했다. 고성군과 육군복지단에서 이 건물을 보수하고, 별장의 일부 유품과 이화장에서 역사적인 자료를 추가로 기증받아 2007년 8월 이승만 대통령 화진포 기념관으로 개관하였다.

  김일성 별장은 1937년 일본이 중일전쟁을 일으키면서 원산에 있던 외국인 휴양촌을 화진포에 강제 이주시킬 때, 당시 선교사 셔우드 홀 부부가 독일 망명 건축가 베버에게 의뢰하여 1938년 이곳에 건립하였다. 한국전쟁 중 훼손된 건물을 2005년에 원래 모습으로 복원하였다. 건축 당시 회색 돌로 지어진 건물이 해안 절벽 위 송림 속에 우아하게 자리 잡고 있어 유럽의 성을 재현한 모습에서 '화진포의 성'으로 불리었다. 1948년부터 1950년까지 김일성 일가가 이곳을 휴양지로 이용했다 해서 '김일성 별장'으로 불리고 있다.

  이기붕 별장은 1920년대에 외국인 선교사들에 의해 건축되어 사용된 건물이다. 광복 이후 북한 공산당의 간부휴양소로 사용되었다. 휴전 이후 이기붕의 부인 박마리아 여사가 개인 별장으로 사용하다 폐쇄되었다. 1999년 역사안보전시관으로 개수하여 관람객에게 전시하고 있다.

이기붕은 1896년생으로 일제 강점기에 미국에 유학하였다. 미국에서 이승만의 비서로 있었고, 귀국하자 비서실장이 되었다. 자유당 정권하에서 이인자로 독주하며 서울시장, 국방장관, 대한체육회장, 국회의장 등을 지냈다. 1960년 3.15 부정선거에서 부통령 당선 공작을 꾸미다 4.19혁명으로 이승만이 하야하며 자유당이 몰락하자 가족과 함께 비극적으로 생을 마감했다.

대한민국 건립이 1948년이고 곧이어 1950~1953년 한국전쟁이 있었으니 그들이 이곳을 별장으로 이용했다 해도 1954년~1960년 사이일 것이다. 그 당시에는 기차나 차량 접근도 힘들고 입지 조건이 좋지 않은 이곳에 어떻게 별장 지을 생각을 했을까 의외였다. 더욱이 이곳은 한국전쟁 휴전을 앞두고 남북이 서로 영토를 확보하려고 치열한 고지전이 벌어졌던 전쟁터가 아니었던가.

1950년대 후반기에 이곳에 별장이라니 사실 황당했다. 별장이라고 정해 놓고 과연 그들이 일 년에 한 번이나 올 수 있었을까. 더욱이 이곳 고성 지역은 38도 이북인 휴전선 부근 산악지이다. 특히 이기붕 별장 부근이 소나무 숲으로 경치가 좋고 가까이에 호수와 해변이 있어 별장지 장소로는 좋으나, 그 효용 가치가 1950년대 당시로는 짐작이 가지 않는다.

나는 1970년 전후에 대학과 대학원 학생으로 금속광산과 석탄광산이 밀집된 강원도 여러 지역을 답사차 많이 방문하였다. 1980년대에는 교수로서 전공 분야의 학생 지도와 연구 활동으로 자주 방문하여 강원도 지역에 익숙하다. 당시만 해도 험하고 경사진 비포장 국도와 여름 홍수 계절에는 산사태로 길이 막히고, 산허리에 굴착된 도로와 그 옆은 낭떠러지며 도로 조건이 매우 불량했다.

 여기에 별장이 들어섰던 때는 정치적 사회적으로 불안정한 시기가 아닌가. 특히 정치인들은 이런 시기에 혼란스러운 나라를 구하는 데에 전력을 다할 때가 아니던가. 서울에서 이곳을 찾는 일이 아주 드물었을 것이다. 1950년대 후반에 서울에서 접근도 어려운 이런 장소에 별장을 짓거나 선정하여 안락을 취하려 한 그들의 황당한 사고방식에 말문이 막힌다.

• 문학서초 29호, 2025.12.

산타마을의 추억

지난 2011년 여름 국제심포지엄 참석차 로바니에미를 방문했다. 이 도시는 산타클로스 마을로 유명하며, 북극권 오로라 관광지로도 잘 알려져 있다. 로바니에미는 핀란드 북부 라플란드 지방의 주도로서 북위 66도 30분에 위치한다. 헬싱키에서 북쪽으로 900km 떨어져 있으며 북극권 바로 아래 도시이다.

이 산타마을은 시내에서 북동쪽으로 약 8km 떨어져 있다. 이 마을에는 산타 사무실, 도서관, 우체국과 공원이 있다. 북극권 극지 경계선 66도 32분 35초를 나타내는 라인이 마을에 표시되어 있다. 산타클로스라는 이름은 원래 소아시아에서 어린이들의 수호성인 성 니콜라스의 별칭이며, 자선을 베푸는 사람을 상징한다. 이 극지방에 산타마을이 있어 의외였다.

국제응용지구화학 심포지엄에 참석한 한국인은 우리 팀이 유일했는데, 나와 대학원생 세 명을 포함하여 모두 네 명이었다. 우리 팀은 금속 광물의 식물지구화학탐사 분과에서 두 편의 논문을 발표하였다. 발표를 마치고 이 분야의 세계적 권위자인 캐나다인 D 박사와의 토론은 내게 학문적으로도 명예롭고 자랑스러운 기억으로 남아 있다. 분과 발표가 끝난 후 D 박사의 격려와 칭찬을 받으며 함께 기념 촬영도 했다.

유럽에서 개최되는 국제학회에 참석하기 위해 핀란드 헬싱키 공항은 거리상 환승에 편리하고 경제적이어서 자주 이용하곤 했다. 실제 핀란드 방문은 내게 두 번째였다. 첫 번째는 1997년 여름 옛 수도인 투르크에서 국제심포지엄이 열려 참석한 적이 있다. 투르크는 헬싱키에서 서쪽으로 약 2시간 거리에 있다. 이 나라에서 가장 오래된 13세기의 고도이다. 투르쿠에서 뚜렷한 두 가지 기억이 남아 있다. 하나는 투르쿠 성에서의 심포지엄 연회에서 주최 측이 바이킹식으로 저녁 식사를 접대하던 모습이다. 또 하나는 주 핀란드 한국 대사의 초청으로 발틱해의 피요르드 해안가에 있는 관사에서 한정식 점심을 대접받았던 기억이다.

로바니에미의 산타클로스 마을은 세계 공식적인 주소여서 어느 나라에서나 편지 겉봉에 수신인을 산타클로스로 명기하면 우표 없이도 자동으로 이 마을 우체국으로 우송된다. 우체국 건물이 이 산타마을의 상징이다. 우체국 칠판에 기록된 우편물 통계를 보니 그동안 198개국에서 총 천오백만여 통을 받았다고 한다. 가장 많이 보낸 6개 나라가 영국, 이탈리아, 루마니아, 폴란드, 핀란드, 일본이었다. 2010년 크리스마스 시즌에 산타는 총 62만여 통의 카드를 받았으며, 하루 평균 32천 통이었다. 크리스마스 시즌에는 전 세계의 어린이들이 보내는 수많은 우편물을 받고 있고, 여러 언어로 답장을 보내야 해서 외국인이 여러 명 근무한다고 했다. 이 시즌에는 한국에서 오는 우편물도 많아 한국인을 한 명 우체국 임시직원으로 채용한다 했다.

산타마을에서 산타클로스 할아버지와의 기념사진 촬영이 가장 인기인데 여름 계절에도 기념 촬영을 할 수 있었고, 유료로 기념사진을 구매해야 하는 상술이 별로 거북하지 않았다.

이 우체국에서 기념으로 엽서 한 장을 사서 집으로 발송하는 멋을 부렸다. 내가 귀국 후에 이 엽서는 무사히 내 집에 도착했다. 우체국에서 엽서나 편지를 부칠 때 크리스마스 시즌에 맞추어 도착하게 하려면 오른쪽의 빨간 우체통을 이용하고, 편지 작성 날짜를 기준으로 도착하게 하려면 왼쪽의 노란 우체통을 이용한다.

로바니에미에서 악티쿰 박물관을 찾아 기반암 지질도와 빙하시대 포스터, 암석 시료 전시를 둘러보고 북극 오로라의 장관을 누워서 구경했다. 오우나스 강에서 출발하여 케미 강과 합류하는 지점까지 갔다 오는 페리 보트로 2시간 크루즈를 했다. 호숫가의 흰 자작나무 숲 사이로 난 오솔길을 따라 산책하며 검은 지붕의 사우나 오두막집을 지나던 기억이 지금도 남아 있다.

방문한 시기가 여름이어서인지 인적이 드물어서 외롭고 쓸쓸한 기분이 들 정도였다. 워낙 인구가 적은 나라에서 북극권 도시를 여름 계절에 방문하였기 때문이리라. 8월 하순임에도 극지방에 가까운 지역이어서인지 일주일 머무는 동안 선선한 날씨이고 더운 줄을 몰랐다. 특히 비가 오거나 안개가 짙은 날은 양복이나 스웨터나 잠바 등을 입어야 할 정도였다.

크리스마스를 전후한 12월에는 산타마을 방문 순례객과 관광객들로 북새통을 이룬다 했다.

로바니에미는 대부분 걸어 다닐 수 있을 정도로 작은 도시이다. 너무도 조용하고 깨끗하여 오히려 적막감이 감도는 거리 풍경이고, 장사가 되나 싶은 한산한 상가 거리가 기억난다. 크리스마스가 있는 계절 한철이 전성기일 것이다.

핀란드에 유학차 와서 현지인과 결혼하고 이곳에 정착한 젊은 한국 여성을 우연히 만났는데, 그녀는 크리스마스 시즌 동안 산타마을 우체국에서 시간제로 봉사한다 했다. 이 도시에서 유일하게 한국의 위상을 꿋꿋이 빛내고 있는 그녀가 대견하고 인상적이었다. 지금도 여전히 로바니에미에 거주하고 있는지 궁금하다.

• 문학 秀, 2025 겨울호

루마니아 클루지-나포카 방문기

2008년 10월 중하순 루마니아의 북부 도시 클루지-나포카에서 열린 국제심포지엄에 참가했다. 나의 첫 루마니아 방문이었다. 제3회 건강과 환경에 관한 중부 유럽과 동유럽 학술회의였다. 이 회의의 주제는 지속 가능한 광산 개발, 위해성 평가와 관리, 환경과 건강이었다. 내가 발표한 논문은 폐광된 금 광산 주변 지역의 중금속 오염과 인체 위해성 평가가 주제였다.

독일 뮌헨을 경유하여 클루지에 도착하였다. 학회에서 소형 버스와 가이드가 나와 공항에서 학회장인 바베스-볼야이 대학교에 편하게 도착했다. 학회 참석자에게 공항에서 학회장까지 안내해 주는 경우는 그리 많지 않다.

다음 날 개회식장에서 조직위원장이며 이 대학의 학장인 B 교수를 만났다. B 교수는 미국 산티아고에서 전해에 개최된 가스지구화학 심포지엄에서 룸메이트로 함께 투숙한 적도 있고, 내 연구실에서 초청 강연한 적도 있어 서로 낯설지 않은 교수였다. 이 학회에서는 의외로 국제학회에 많이 참가하는 중국인과 일본인 참석자들이 보이지 않았다. 아시아인으로는 카자흐스탄과 우즈베키스탄 등 중앙아시아인 수 명과 한국 참가자는 내가 유일했다.

동유럽 중에서도 북해에 면한 루마니아는 오래전부터 방문하고 싶던 국가였다. 2008년은 내가 연구년이어서 해외 학회 참가가 더욱 편리했다.

클루지-나포카는 루마니아 북서쪽에 있는 트란실바니아 지방의 중심 도시이다. 도시 이름을 줄여서 '클루지 또는 나포카'라고 부른다. 원래 클루지와 나포카는 별개의 도시였다. 나포카는 로마제국 시절부터 발달한 유서 깊은 지역이다. 클루지는 중세 시대부터 트란실바니아 지방의 중심지로 발달하였다. 1970년대 공산정권 시대에 클루지와 나포카를 합병하여 클루지-나포카가 되었는데, 로마제국 시대의 역사적 도시임을 강조하기 위해서였다. 클루지는 수도 부카레스트(부쿠레슈티) 다음으로 큰 제2의 도시로서 역사와 문화와 교육의 중심지이다. 이 도시에는 7개의 국립대학과 3개의 사립대학이 있다. 요즈음에는 루마니아의 관광지로 잘 알려져 있으나 내가 방문하기 전까지는 전혀 모르던 도시였다.

학회 참석 3일간 클루지 시내의 피아차유니리 광장, 고딕 양식의 14세기 성 미카엘 대성당, 1895년 건립된 호텔 콘티넨탈, 국립미술관, 트란실바니아 자연사박물관·역사박물관 등을 방문했다.

바베스-볼야이대학교는 학생이 오만여 명으로 부카레스트대학교 다음으로 큰 대학이다. 이 대학은 1872년에 설립되었고, 세계에서 유일하게 동굴연구소가 있다. 흥미로웠던 점은 이 대학에 한국연구소가 있고, 한국인이 직접 강의하는 한국어 강좌가 개설되어 있으며 인기 강좌라고 했다. 학생들이 한국어를 배워 한국 기업에 취업함이 목적이라 했는데, 한국 기업의 월급이 자국 내에서 워낙 높아 인기라 했다.

이 대학은 내 모교(서울대)와 국제 교류를 교환하는 대학이어서 심포지엄 만찬장에서 만난 총장도 모교 총장님을 알고 있었으며 한국에 관심이 높았다. 한국연구소에서 한국어를 강의하는 P 선생과도 인사했다.

다음 해에 이 대학의 교수 두 명이 모교를 방문했다. 총장실의 부탁으로 내가 서울 강남 지역을 안내한 적이 있다. 그들은 명동 입구의 숙소에 묵었는데, 부근의 롯데백화점에 한 번 들렀다가 너무 놀랐다고 했다. 한국이 잘산다는 소문은 익히 들어 알고는 있었지만, 그 백화점을 둘러보고는 그 이상이라고 감탄하던 모습이 기억난다.

학회를 마친 후 클루지에서 서쪽으로 약 460km 거리인 헝가리 부다페스트까지 이동했다. 헝가리 토양연구소에서의 초청 강연에 참석해야 했다. 다행히 심포지엄에 참가한 미국 텍사스 A&M 대학교의 D 교수 연구실 팀과 함께 그들의 봉고 버스에 편승하여 부다페스트의 숙소까지 7시간 반 걸려 도착했다. 국도는 편도 일차선이었다. 우리나라 같으면 5시간 이내에 주파할 거리이다. 부다페스트로 이동하는 봉고차에 편승시켜 준 D 교수와 연구실 학생들의 친절이 여전히 기억난다.

이 학회에 참석하고 여전히 남아 있는 기억은 금속 광산 주변의 중금속 오염과 인체 위해성 평가에 대한 내 발표에 참석자들이 많은 관심을 보여, 내가 준비한 자료들을 제공한 점이었다. 특히 폴란드에서 온 발표자 두 명은 내 발표에 열광 수준이어서 상세한 발표 자료를 제공해 주었다. 새로이 발전하는 중금속 오염 분야의 연구 주제에 대해 많은 관심들이 있어 뜻깊었다.

• 여행인문학 제2호, 2026 예정

5.

MAHA
(My active & healthy aging)

은퇴 후 시간을 건강하고
활동적으로 만드는 건강 걷기

MAHA 1

서울역-남산공원-백범공원-안중근 의사 기념관-해방촌 코스

건강걷기 팀은 오전 9시 30분 옛 서울역사 앞에서 모여 '서울로 7017' 고가로 올라 정원 꽃길을 지나며 회현역 방향으로 이동했다.

서울역은 1900년 7월 경인 철도가 개통되면서 약 $33m^2$(10평) 규모의 목조건물에서 업무를 시작하였다. 원래의 위치는 염천교 부근이었으며 명칭은 남대문역이었다. 1925년 9월 남만주철도 주식회사에서 르네상스식으로 새롭게 신축하였고 역사 이름도 경성역으로 변경하였다. 건축 자재는 주로 붉은 벽돌을 사용하였다. 광복을 맞이한 뒤 경성역은 서울역으로 개명되었고, 1981년 9월 25일 사적으로 지정되었다.

역사 앞 광장에 한국철도 100주년(1899~1999) 기념 동판이 광장 바닥에 있으며 방향 표시도 있다. 왈우 강의규(1859~1920) 의사 기념사업비가 있는데, 강 의사는 환갑이 다 된 고령에(1919년 9월) 남대문역 뒤편(현 서울역)에서 새로 부임하는 총독 사이토에게

옛 서울역사(현재 문화역 서울 284). 왈우 강우규 의사(1859-1920) 동상.

폭탄을 투척하였고 이듬해 서대문형무소에서 순국했다.

서울역 광장 위로 회현동과 만리동을 잇는 총길이 1.5km 고가도로가 있다. 1970년 차량 길로 만들어진 도로가 2017년 사람 길로 거듭나며 '서울로7017'로 이름이 바뀌었다. 고가산책로를 따라 회현역 방향으로 이동하다가 한양 도성 순성길로 오르면 힐튼호텔 앞을 경유 남산공원 입구에 도달한다. 11월 중순의 짙은 단풍을 즐기며 공원 산책길로 오르면서 김유신 장군 동상을 보며 백범광장에 도달한다. 넓은 광장에서 휴식을 취하며 남산 서울타워를 올려다본다. 광장의 성재 이시영 선생 동상과 백범 김구 선생 동상 앞에서 잠시 묵념하며 위대한 독립지사의 애국심을 추모한다.

백범광장을 지나면 바로 안중근 의사 기념관과 만난다. 기념관에서 안 의사 관련 자세한 자료와 격동의 시대 설명을 볼 수 있

백범광장에 있는 성재 이시영 선생과 백범 김구 선생 동상.

다. 바쁜 교수 생활로 이 기념관까지 방문할 기회가 없었다. 격동의 시대, 즉 1876년 강화도조약부터 1905년 을사늑약까지 30년간 일제의 침략 노골화와 무능한 조선 왕조와 을사오적 매국노들을 만난다.

안 의사의 탄생(1879.9.2.) 및 성장과 사형집행으로 순국(1910. 3. 26.)까지의 연보, 안 의사 가문의 독립운동, 안 의사의 활동(학교 설립과 교육, 천주교), 책벌레 안 의사의 서재, 북간도로의 망명, 연해주 활동 및 의병부대 창설과 독립운동, 동의단지회, 하얼빈 의거 계획과 추진, 하얼빈역에서 동양 평화를 파괴하는 이토 히로부미 총살(1909.10.26.), 법정 투쟁과 동양평화론, 옥중에서 남긴 글과 유언, 안 의사(안응칠)의 역사, 안 의사와 관계를 맺은 인물들을 만난다. 31세에 순국한 안 의사의 막중한 업적에 놀란다. 마지막으로 새 기념관 건립(2010.10.26.)의 참여자 및 건립기금 기부자 명단을

안중근 의사 의거 현장   안중근 의사 동상.

복도 벽에서 본다.

　남산도서관 앞에서 승강기를 이용 내리막길로 들어서면 산정현교회를 지나 후암동 로터리에 닿는다. 산정현교회는 평양 산정현교회의 주기철 목사(1897~1944)에 뿌리를 두고 있다. 주 목사는 신사 참배 등 일제 탄압에 저항하다 순교했다.

　후암동 버스 종점 로터리에서 동남향으로 108계단이 있고, 이 계단 위에서부터 해방촌이 시작된다. 이 계단은 원래 일제 강점기 말기인 1943년 11월에 경성호국신사의 진입로로 만들어졌다. 해방촌은 광복과 함께 해외에서 귀환하거나, 한국전쟁 전후 월남한 실향민들이 정착하면서 빠르게 형성된 곳이다.

　해방촌은 필자가 초등학교 저학년 시절 일 년을 보낸 곳이다. 그때가 1950년대 후반이니 이미 60년 이상이 지났다. 그때는 계단 주변에 건물이나 가옥이 별로 없어 흰 화강암 계단만 덩그러니 있었다. 지금은 계단 한가운데로 경사형 승강기가 생겼고(2018. 11. 19. 완공), 계단 양쪽으로 주거시설이 들어서 있어 몹시도 좁아 보였다. 남산 해방촌에 차량으로 접근하려면 108계단 오른쪽으로 둘러 오르는 이차 선 찻길을 이용해야 했다. 필자가 살던 당시에는 '후암동은 잘사는 동네이고, 해방촌은 못사는 동네'라고 했다. 이곳에서 지금도 유별나게 기억되는 광경이 두 가지 있다. 아침마다 해방촌 중심부에 있는 공중변소 앞에 길게 늘어서 있던 주민들 모습과 매일 올라오던 물차와 물동이의 대기 줄이다. 1950년대 당시에는 해방촌 판잣집마다 화장실과 급수 시설이 없었다.

소설에서 묘사되는 해방촌을 보자.

'산비탈을 도려내고 무질서하게 주워 붙인 판잣집들이었다.'
이범선의 《오발탄》(1959).

'좁다란 언덕길은, 굴러내려 데굴거리는 돌멩이들 탓에 어느 험한 골짜기와 비슷하였다.', '초라한 판자집은 정말 너무도 형편없었다. … 그것은 그냥 닭장이나 헛간과 다를 바 없었다.'
강신재의 《해방촌 가는 길》(1957).

'사방 어디로 가든 계단과 맞닥뜨렸다. 그중에서도 악명 높은 108계단은 해방촌 시장 삼거리에서 후암동까지 연결되는 지름길이기도 했다. 계단 맨 위쪽에서 두루마리 화장지를 굴리면 10초도 안 돼 꼬랑지가 보일 정도로 풀려나갔다.'

해방촌의 경사가 급한 계단, 내리막길 좁은 골목 등이 여전하다. 1947년 7월에 세워진 해방교회.

홍명진의 《타임캡슐 1985》(2014).

단편소설 《오발탄》이나 《해방촌 가는 길》의 발표 연대가 모두 필자가 해방촌에 머물렀던 때와 동시대여서 공감이 컸다.

해방촌은 정착민들의 적극적 활동으로 주거시설 및 상하수도 시설이 체계적으로 구비되었고 지금과 같은 모습을 갖추게 되었다. 과거의 판자촌 등 가건물은 모두 바뀌었으나 집들 사이의 좁고 비탈진 골목길은 지금도 그대로 남아 있다. 어디로 가나 맞닥뜨리는 좁은 급경사 계단 길 모습도 여전했다. 해방촌에서 남산으로 오르는 비탈진 좁은 골목길은 콘크리트 포장만 되었을 뿐 그대로였다. 골목 여기저기에 무질서하게 주차된 자동차 풍경이 그때와 다르다 할까. 이렇게 좁고 비탈진 골목길로 어떻게 이삿짐을 나를 수 있을까 괜한 걱정을 잠깐 했다. 지금은 고층 건물이 없고 밀집된 주택지이나, 해방촌 지역은 남산 바로 아래 남향으로 경사지고 전망이 뛰어나 머지않아 재개발 열풍이 불지나 않을지 하는 노파심도 일었다.

해방촌오거리에서 해방교회(1947년 7월 시작)-보성여고(1955년 4월 현재 자리에 위치) 정문을 지나 내리막길 골목으로 한참 내려오면 한남동 녹사평역으로 연결된다. 지금은 녹사평역에서 해방촌오거리로 연결되는 마을버스가 있어 편리하며. 남산 소월길에서도 해방촌오거리로 차도가 연결되고 있다. 건강걷기팀은 녹사평역 부근에서 점심 식사 후 해산했다.

• 서울대학교 명예교수협의회 소식, 2023 봄호

MAHA 2

돈의문 박물관 마을-경교장-홍난파 가옥-권율 도원수 집터-딜쿠샤 코스

지하철 5호선 서대문역에서 동쪽으로 광화문 방향으로 넘어가는 언덕에서 강북 삼성병원을 끼고 왼쪽 오르막길로 들어서면 오른쪽에 돈의문(서대문) 박물관 마을, 왼쪽 병원부지 안에 경교장이 있다.

　돈의문 박물관 마을은 근현대 100년에 걸친 기억의 보관소이다. 돈의문은 한양도성의 서쪽 큰 문인 서대문이라는 이름으로 더 친숙하다. 돈의문은 1396년 처음 세워졌고, 1422년 현재 정동 사거리 위치에 새로 지어졌다. 이때부터 돈의문에는 새문(新門)이라는 별칭이 붙었고, 돈의문 안쪽 동네는 새문안 동네로 불렸다.

　돈의문 박물관 마을은 전면 철거 후 신축이라는 재개발 방식에 대한 깊은 반성에서 출발한 도시재생 마을이다. 오래된 주택과 좁은 골목, 가파른 계단…. 정겨운 옛 새문안 동네의 모습은 같은 자리에 그대로 남아 그 자체로 박물관 마을이 되었다. 지나온 근현대 서울 100년의 삶과 기억을 고스란히 품고 있는 돈의문 박물관 마을은 박제된 과거가 아니라 앞으로 새롭게 쌓여 갈 기억을 포함하는 미완성의 공간, 현재 진행형 마을이라고 소개한다.

신문로 2가 30-1번지(서울시 종로구 새문안로 35-44)는 1956년에 신축되어 전체적으로 변형 없이 주택으로 사용되었다. 일제강점기와 전쟁 이후 시대의 한옥의 발전과정을 엿볼 수 있는 중요한 건축물이다. 내부와 외부의 보존 상태도 매우 양호하여 되도록 원형에 가깝게 복원했다. 신문로 2가 7번지 일대는 1930년대부터 건물을 지어 1980년대까지 주택으로 사용되다가 1980년대부터 대중음식점으로 용도가 변경되었다. 주거와 상업이 공존했던 이 공간들은 대부분 영업을 위해 개조해 ㄷ자형 구조를 넓게 확장하여 사용하고 있었다. 이 일대는 돈의문박물관 마을 조성 사업을 통해 증축된 부분을 일부 철거하고 원형을 살려 한옥으로 조성하였다. 기존의 타일로 마감된 외부 벽은 한옥의 통일감을 주기 위해 자연석 담장으로 조성하여 한옥 골목길의 정취를 살렸다.

서울 경교장은 백범 김구 선생이 1945년 11월 23일 환국하여 1949년 6월 26일 안두희의 저격으로 서거할 때까지 3년 7개월간 머물렀던 숙소이자 환국 후 임시정부의 마지막 청사이다. 일제강점기인 1938년에 건축된 부호 최창학의 주택이었다. 경교장에서 임시정부 요인들이 국무회의를 개최하고 반탁운동과 남북 협상을 주도하며 광복 후의 혼란 정국을 수습했다. 2005년에 사적 제465호로 지정되었고, 지하층과 지상 1, 2층을 원형대로 복원하여 2013년 3월 2일 전시관으로 개관되었다.

경교장 1층에 영상 자료실과 귀빈 식당이 있다, 지하층에는 백범 김구 연보와 삶, 임시정부 요인들, 최창학의 저택으로 사용된 죽첨장 시기(1938~1945), 경교장과 함께 한 사람들, 대한민국임시정부 환국 기념사진 (1945. 11. 3.). 대한민국 임시정부를 계승한 대한민국 정부, 되돌아본 임시정부 27년(1919~1945), 대한민국임시정부가 걸어온 길, 경교장 시기(1945~1949), 경교장에 울린 총성, 김구 선생 조가(弔歌)와 기나긴 조문 행렬, 국민장과 영원한 안식처, 경교장 60년 만에 제모습을 찾다, 훼손 및 복원기(1949~2013) 등의 자료와 사진이 전시되어 있다. 2층에는 김구 선생의 거실(집무실)과 응접실 등이 전시되어 있다.

"눈 덮인 들판을 걸어갈 때는 발걸음을 어지럽게 걷지 마라. 오늘 나의 발자국은 뒷사람의 이정표가 되리니."

서울 도성 성벽을 오른쪽으로 끼고 낮은 언덕길을 오르면 작곡가 홍난파 가옥을 만난다.

이 집은 1930년에 축조된 건물이며 등록문화재 제90호이다. 지하 1층과 지상 1층의 벽돌 건물이며 독일 계통 선교사의 집으로 지어졌다. 근처에 독일 영사관이 있어 이 일대에 독일인 주거지가 있었으나 주변은 모두 헐리고 유일하게 남아 있는 가옥이다. 〈고향의 봄〉을 작곡한 홍난파가 6년 거주하며 말년을 보내면서 많은 작곡을 했다. 집 정면 마당에 작은 연주 공간이 있다.

길을 따라 가면 언덕 아래가 사직 터널이며 일차선 도로로 또는 승강기로 사직 터널 서쪽 입구로 또한 독립문으로 연결된다. 이 좁은 도로의 오른쪽으로는 일반 주택이나 연립 주택이고, 골목길이 남아 있다. 왼쪽으로는 재개발되어 고층 아파트의 밀집으로 시야를 완전히 차단하고 있다. 이런 역사적인 동네를 고층 아파트 단지로 가두어 놓은 도시 정책을 나는 이해할 수 없다. 골목길 끄트머리에 다다르면 임진왜란 때에 행주대첩을 거둔 권율(1537~1599) 도원수의 집터의 은행나무와 딜쿠샤(Dilkusha)를 만난다.

이 은행나무는 1976년 보호수로 지정되었고, 수령은 470여 년, 나무 높이는 24m, 둘레는 680cm인 거목이다.

딜쿠샤는 미국인 앨버트 테일러(1875~1948)와 영국인 아내 메리 테일러(1889~1982)가 1924년에 지은 집이며, 딜쿠샤는 페르시아어로 '기쁜 마음의 궁전'이라는 뜻이다. 현재의 위치(종로구 사직로)에 지하 1층, 지상 2층의 벽돌 양옥을 지었다.

앨버트는 운산 금 광산의 기술자였던 아버지(조지 테일러)를 따라 1897년 조선에 들어와 광산업과 상업에 종사했다. 1919년에는 연합통신 통신원으로 활동하며 고종의 국장과 3.1운동, 제암리 학살 사건 등을 취재하여 전 세계에 알렸다. 이로 인해 앨버트는 일제의 감시 대상이 되었고, 6개월 동안 서대문 형무소에 투옥되기도 했다. 태평양전쟁의 발발과 함께 테일러는 1942년 조선총독부의 강제 추방으로 미국으로 돌아갔다. 1945년 광복 이후 앨버트는 그가 사랑하는 한국으로 돌아와 살기를 소망했지만, 1948년 6월 미국 캘리포니아에서 심장마비로 사망했다. 그는 평소 만일 그가 한국 밖에서 죽게 된다면 자신의 유골을 양화진 외국인 선교사 묘원에 있는 아버지 무덤 옆에 묻어 달라는 유언을 남겼다. 부인 메리는 남편의 유해와 함께 1948년 9월 인천으로 입국하여 양화진 외국인 묘역에 그의 부친 옆에 함께 안치했다.

나는 지난 2021년 6월 하순 양화진 묘역을 답사하며 테일러 부자의 비석과 묘를 확인했다. 미국인이면서 한국에 묻히고 싶다는 그의 지난한 한국 사랑을 느끼며 자신이 부끄러웠다. 나보다 더 한국을 사랑하지 않는가 하고. 입만 열면 애국심이니 국민 사랑이니 하는 내로남불형 인사들이 적지 않은 이 시기에 그는 내게 큰 용기와 희망을 주고 있다.

딜쿠샤는 1963년 국가 소유가 되었으나 정부의 방치로 주민들이 공동주택으로 사용하면서 본래 모습이 많이 훼손되었다. 2006년 아들 브루스 테일러가 딜쿠샤를 다시 찾으면서 세상에 알려졌다. 서울시는 2016년부터 딜쿠샤의 복원사업을 진행하여 2021년 3.1운동 102주년 기념일을 맞으며 일반에게 공개하였다.

딜쿠샤에는 1층과 2층의 거실, 건물의 역사, 테일러 부부의 결혼과 조선 입국, 테일러 부부의 소개, 부인 메리의 호박 목걸이와의 인연, 테일러 가족의 한국에서의 생활, 금 광산과 테일러 상회, 부인 메리가 그린 조선 풍경과 사람들, 일제의 테일러 부부 강제추방과 광복 후 테일러의 미국에서의 사망, 한국 재입국과 유해의 양화진 묘역, 다시 세상에 알려진 딜쿠샤, 연합통신 통신원 앨버트 테일러의 3.1 독립선언서의 해외 타전과 기사 자료들과 사진, 제암리 학살사건 취재, 딜쿠샤의 복원, 딜쿠샤 건축과 벽돌 쌓기의 특징, 딜쿠샤 역사 영상실 등 많은 문헌 및 기사와 사진 자료들이 전시되어 있다.

딜쿠샤 전경(국가등록 문화재 제 687호). 오른쪽 사진에서 권율 도원수 집터의 은행나무가 보임

1923년의 정초석 발견으로 딜쿠샤 확인 및 복원이 이루어짐.

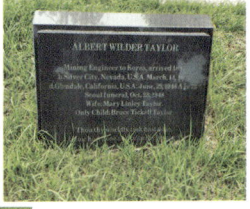

양화진 외국인 묘역의 테일러 부자 묘소. 오른쪽 큰 비석이 부친(조지 테일러) 비석이고, 왼쪽의 작은 비석이 아들 앨버트 테일러 (2021년 6월 29일 저자 촬영).

세상에 다시 알려진 딜쿠샤 가문의 스토리를 들어보자.

"서일대학교 김익상 교수는 2005년 앨버트 테일러의 유일한 아들 브루스 테일러의 의뢰를 받아 브루스가 어린 시절 살던 집을 찾기 시작했다. 일제강점기의 지명만으로 집의 위치를 가늠해야 했기 때문에 딜쿠샤를 찾는 데 약 2개월이 걸렸다. 다행히 주민들의 거주로 인해 장독대로 가려진 정초석을 발견했다. 브루스는 아내 조이스 필스와 딸 제니퍼 테일러와 함께 2006년 딜쿠샤를 방문하여 이곳이 자신이 어린 시절 부모님과 함께 살던 곳임을 확인하였다. 1942년 한국을 떠난 지 64년 만의 귀향이었다. 브루스는 딜쿠샤가 보존되어 집이 없는 주민들의 안식처가 되었다는 사실에 감사했다. 2015년 브루스가 세상을 떠난 후 딸 제니퍼는 2016년부터 2018년까지 2년에 걸쳐 테일러 가문의 자료 1,026건을 서울역사박물관에 기증하였고, 이로써 테일러 일가의 한국에서의 이야기와 딜쿠샤가 세상에 알려지게 되었다."

나는 테일러 가문의 4대에 걸친 한국 사랑 스토리를 보면서 감동하며, 한국인인 내가 오히려 부끄러울 정도였다.

딜쿠샤를 답사 후 건강 걷기팀은 이곳 행촌동의 골목 언덕길을 내려와 사직공원을 거쳐 황학정 활터와 국궁전시관을 둘러보고 단군을 모시는 단군성전을 방문했다. 늦은 오후 점심을 단군성전 부근 언덕길의 식당에서 들며 반나절 즐거운 걷기를 마감했다.

• 서울대학교 명예교수협의회 소식, 2023 여름호

MAHA 3

덕수궁-국립정동극장-고종의 길-청계천-광장시장 코스

덕수궁과 정동 일대는 시민들이 즐겨 찾는 휴식 공간이며 젊은이들의 데이트 코스이다. 과거에는 영국대사관 부근이 막혀 덕수궁 돌담길을 완전히 돌 수 없었으나 지난 2018년 12월 이후 전면 개방되어 있다.

건강걷기 팀은 덕수궁 내의 석조전과 미술관을 지나 뒷문으로 나가 정동길로 들어섰다. 오랜만에 정동길에 들어선 셈이다. 이곳은 과거 대법원이 있던 곳이며, 현재 정동교회, 정동극장, 서울시립미술관 등이 있다. 정동길은 한국의 근대가 시작된 곳으로서 외교, 문화, 선교, 교육의 길이었다. 정동길에는 대한제국(1897~1910)이 있다. 예를 들어 제4코스는 신문화와 계몽의 길이다. 종교와 교육, 의료 등의 신문화가 만들어지고 독립신문사 등 언론과 협성회 등의 토론회가 활발하게 이루어진 장소이다.

우리 팀은 국립 정동극장 옥외 카페에서 잠시 차를 들며 휴식하고 담소했다.

덕수궁 돌담길에서 보이는 고종의 길은 1896년 2월 11일 고종과 왕세자가 경복궁에서 비밀리에 러시아공사관으로 거처를 옮긴 사건(아관파천俄館播遷)의 길이다. 을미사변(1895년) 이후 신변의 위협을 느끼던 고종과 측근 인사들의 요청에 러시아 공사 베베르가 동의하여 비밀리에 고종과 왕세자가 경복궁을 떠나 러시아공사관으로 거처를 옮긴 사건이며 고종은 1년 동안 러시아공사관에 머물렀다. 고종이 러시아공사관에서 고작 110m 떨어진 덕수궁으로 거처를 옮긴(1897) 이후 대한제국을 선포하였다.

이곳은 고종의 재위 말년의 약 10년간 정치적 혼란의 주무대가 되었던 장소이다. 덕수궁 명칭은 경운궁이었으나 1907년 순종에게 양위한 고종이 이곳에 머무르게 되자 고종의 장수를 빈다는 의미로 덕수궁(德壽宮)으로 바꾸었다. 고종은 1919년 이곳에서 승하하였다.

나는 러시아공사관 자리에서 정동 근대 역사실 및 역사 보행 탐방로 안내판을 보며 또한 대한제국의 길 사진전(1897~1910)에

고종의 길과 러시아영사관 자리.

서 〈오얏꽃 핀 날들을 아시나요〉 전시를 본다. 이 전시에서 '을씨 년스럽다'는 말이 '을사년(乙巳年)스럽다'에서 유래되었음을 알게 되었다. 1905년 을사년, 그해 11월17일 을사늑약이 강제로 체결 되었다. 사람들은 날이 꾸무럭하여 스산하거나 쓸쓸할 때 '을사년 스럽다'고들 말했다. 그날의 원통함을 잊지 않고자 날씨를 형용하 는 말로 새겨두었다. 을사오적과 달리 보통 한국인들이 얼마나 이 를 뼈아프게 여겼는지 100년이 훨씬 지난 지금도 실감할 수 있다.

청계천은 서울을 동서로 가로지르는 약 11km의 물길이다. 청 계천은 광화문 네거리 부근에서 왕십리까지 이어진다. 1958년 에 들어 대대적인 복개 공사에 착수하여 1960년 4월 1단계 공사 가 완공되었고 1967년에는 청계고가도로 5.4km 구간이 건설됐 다. 복개된 지 47년 만에 청계천은 복원사업으로 지하에 갇혀 있 던 모습들이 공개됐다.

청계천 산책길은 2005년 10월 1일부터 개통되어 이제 서울 도 심의 대표적 휴식 공간으로 자리매김했다. 광화문 네거리 부근에 서 청계천 산책로가 시작되며 복원된 청계천 길은 5.84km이다. 우리 건강걷기 팀은 이 광화문 부근의 청계천 시작 길에서 종로5 가 부근 광장시장 앞에까지 산책했다.

광장시장은 서울 종로4·5가와 청계천 사이에 있는 도·소매 시장이다. 1905년 7월 '동대문시장'으로 정식 개설되었다. 같은 해 11월 광장주식회사를 설립 이후부터 '광장시장'이라고도 불 리기 시작하여 오랫동안 '광장시장'과 '동대문시장'이라는 명칭 이 혼용되었다. 조선 상인들이 축적한 토착 민족자본에 의해 상권이 형성된 데다 광장주식회사가 처음부터 끝까지 시장의 경영권을 행사함으로써 민족시장의 명목을 유지해 갔다.

2000년대 후반부터 먹자골목의 먹을거리로 유명세를 타고, 점차 외국인 관광객들이 늘면서 시장이 활성화되었다.

대지면적 약 4만 3,000㎡, 건물면적 약 8만 5,000㎡, 점포수 약 5,000개 규모이며, 종사자 수는 약 2만 명에 이른다. 주거래 품목은 한복, 직물(주단, 포목 등), 의류, 침구, 수예·자수품, 커튼류, 폐백 용품이다. 그밖에 농수산품, 축산품, 반찬류 등의 식품과 각종 공산품을 취급한다. 명소는 먹자골목이며, 명물은 마약김밥, 빈대떡, 육회 등이다.

종로5가와 청계천 사이의 광장시장-대한민국 최초의 상설시장이다. 우리 팀은 광장시장 안의 포장마차 집에서 비빔밥 또는 잔치국수로 점심을 들었다. 시장에서 점심 먹기는 오랜만이었다. 옥외 공간인지라 코로나가 그리 극심할 때도 이곳은 안전했다고 포장마차 집 주인이 들려주었다.

• 서울대학교 명예교수협의회 소식, 2023 가을호

MAHA 4

피천득산책로-동작대교 전망대 카페-
허밍웨이길-김창숙기념관 코스

작년 9월 중순에 서초구 반포천 일대의 피천득산책로와 하천길로 한강 유역까지 산책했다. 지하철 고속버스터미널역 5번 출구로 나서면 피천득산책로 입구와 만난다. 반포천은 우면산에서 발원한 하천으로 한강으로 흘러가며, 이 하천이 포장되어 도로로 이용되고 있다. 가톨릭대학교 서울성모병원에서 대각선 방향에 산책로 입구가 보인다.

   산책로는 반포천 제방길을 따라 서쪽으로, 거의 직선으로 피천득 동상과 시비 장소까지 연결된다. 산책로 북쪽 편이 반포아파트 대단지이다. 산책로 도중 아파트 단지 내에 반포종합운동장이 있다. 강남의 요지라는 이곳에 상당히 큰 규모의 종합운동장 시설이 있음이 특이하다. 피천득 동상 위치를 지나면 단지 재개발로 인해 흰 벽이 산책로 북쪽 경계를 따라 높이 세워져 있으나 산책에 지장은 없다. 산책로를 따라 가로수 숲이 조성되어 있어 계절에 따라 봄꽃으로, 우거진 녹음으로, 단풍으로 풍경 변화를 즐길 수 있다.

피천득 교수(1910~2007)는 서울대 영어교육학과 교수로 재직했다. 한국 현대수필의 새로운 지평을 열어놓았다고 평가될 정도로 수필가로서 이름을 떨친 시인이다. 우리 세대는 고교 시절 국어 교과서에서 '수필은 청자연적이다.…'와 수필 〈인연〉을 배워서 익숙한 작가이다.

'그의 수필은 간결한 문체로 명징한 사색을 펼쳐 놓음으로써 하나의 경지를 이루고 있다. 순수하고 고결한 정신세계를 영롱한 언어로 적어놓은 그의 수필은 운문을 읽는 것처럼 경쾌하며 독특한 글쓰기의 전범을 보이고 있다.'

피천득 수필가가 산책로 옆 반포아파트에 거주한 인연으로 산책로 이름으로 명명된 것으로 알고 있다.

피천득 동상에서 반포천 건너편에 심산 김창숙 기념관 및 문화센터가 있다. 이 기념관에는 도서관과 〈피천득 다시 읽기〉 등

피천득산책로 입구와 피천득 동상.

문예 단체가 있으며 문화 관련 행사 및 교육이 이루어지고 있다.

심산 김창숙 선생은 유학자로 독립운동가이자 교육자이다. 그는 팔십 평생을 반침략 독립운동, 반분단 통일운동, 반독재 민주화운동으로 일관한 민족의 사표이다. 유림을 중심으로 파리장서운동(제1차 유림단 독립운동), 독립기지개척운동(제2차 유림단 독립운동)을 주도하였으며 대한민국 임시의정원 부원장을 지냈다. 1927년 체포되어 혹독한 고문으로 두 다리를 못 쓰게 되었다. 재판과정에서 변호사를 거절하고 옥중에서도 투쟁을 벌여 일제의 침략에 맞서 싸웠다. 1945년 광복 후에는 신탁통치를 반대하고 김구와 함께 민족통일을 위해 노력하였으며, 이승만 정권의 부정부패와 독재를 공개적으로 비판하여 극심한 탄압을 받았다. 그는 초대 성균관장, 성균관대학교 초대 학장과 총장을 지냈으며, 1962년 3월 건국훈장 대한민국장을 받았다.

이 기념관은 2011년 3월 29일 개관되었으며, 심산의 백절불굴의 독립운동 정신을 기념하고 자라나는 세대에게 나라 사랑과 민주주의 정신을 함양하는 장소로 널리 이용되고 있다.

피천득 동상을 지나면 산책길은 하천길로도 연결되어 한강 유역까지 도달한다. 동작대교 바로 아래에서 승강기로 전망대 노들카페로 연결된다. 카페에서 보이는 한강 주변과 여의도의 풍광은 매우 멋지며 '서울에 이런 곳도 있네' 하는 기분을 느낀다.

전망대 카페에서 돌아오는 길은 동작역(지하철 4, 9호선) 1번 출구 앞을 지나며 허밍웨이(humming way)로 들어선다. 소설가 헤밍웨이가 아니다. 반포천 산책로의 새로운 이름이다. '허밍웨이' 뜻

그대로 '콧노래가 나오는 쾌적한 길'이다. '동작 지하철역으로 향하는 아침 출근길과 집으로 향하는 저녁 퇴근길에서 늘 즐거운 콧노래가 나온다는 길, 가벼운 운동할 때도 기분 좋은 콧노래가 나오는 길, 매일매일 허밍웨이에게 당신의 콧노래를 들려 주세요'라고 이 길을 소개한다. '자연과 닮은 길'이며, 서초구에서 가장 아름다운 길이라고 한다.

이날 건강 걷기 코스는 반포천의 피천득산책로와 하천길, 한강 유역과 동작대교 전망대 카페, 허밍웨이를 거쳐 다시 피천득산책로로 되돌아오는 코스였다. 걷기 팀은 터미널 지하상가 식당에서 점심을 마치고 해산했다. 경쾌한 반나절이었다.

• 서울대학교 명예교수협의회 소식, 2023 겨울호

6.
아름다운 암석 여행

기분이 편마암

우리 주변에서 매우 잘 보이는 암석이 편마암(gneiss)이다. 영어 발음은 '나이스'이다.

지질학 전공 분야에서는 '돌'이라고 부르지 않는다. 편마암은 아파트 단지에 정원을 꾸미는 장식용 경계석으로 사용되고 있다. 이 암석은 일정한 방향으로 광물이 배열된 조직 특징이 있다. 검은 광물과 밝은 흰색 광물이 서로 교대로 일정한 방향으로 배열되어 있어 마치 밴드나 벨트처럼 보여 호상(縞狀) 편마암(banded gneiss)이라고 부른다. 이 띠 모양은 구불구불하게 변형(습곡)되어 있어 멋진 조직과 구조를 보여 장식용으로도 쓰인다.

편마암은 매우 높은 온도와 압력에서 형성된 변성도가 높은 변성암이다. 한국 지질 분포의 약 20% 이상이 이 편마암이며, 가장 기반암으로서 선캄브리아시대에 형성된 암석이다. 우리나라에서 산출되는 편마암, 특히 경기변성암복합체의 편마암은 형성 시기가 20억 년 이상이나 되는 가장 오래된 암석이다. 편마암은 산맥의 주류를 이루며 노년기의 지형을 보이기도 한다. 서울 근교에서는 남산(262m)과 불암산(509m)이 대표적인 편마암 분포 지역이다.

편마암은 줄무늬가 특징이며, 퇴적 기원의 암석이 높은 열과 강한 압력을 받아 형성된 암석이다. 변성암의 조직이나 구조에 나타나는 특징은 조암광물(造岩鑛物 rock-forming minerals)의 방향성과 재결정작용이다. 방향성은 광물들이 일정한 방향으로 재배열된다는 의미이다. 특히 편마암에서는 흑운모, 녹니석과 같은 어두운색 광물과 석영 장석 같은 밝은 흰색 광물이 일정한 방향으로 배열되는데, 이러한 구조를 편마상 구조(gneissosity)라 한다. 변성암 중에 편마암보다 약한 열과 압력을 받아 형성된 편암(schist)이나 점판암(slate)도 조암광물이 일정한 방향성을 보이는데 편리(schistosity), 점판암 벽개면(slaty cleavage)이라 부른다. 변성암은 일정한 방향으로 쪼개어지는데 마치 나뭇잎처럼 층층이 조직을 이루고 있어 엽리(葉理 foliation)라고 한다.

편마암은 일정한 광물의 배열을 보이기는 하나 편암이나 점판

정원의 장식 경계석으로 사용된 호상 편마암. 오른쪽 사진에 스케일*(cm자)이 보임.

암처럼 쉽게 쪼개지지 않는다. 실제 빌딩 산업에서는 편마암이 광물 조성이나 입자 크기, 강도가 화강암과 유사하다 하여 화강암질 암으로 분류하고 석재로 이용하고 있다. 최근에는 바닥재 또는 축대 석재, 기념비석, 정원석 등으로 쓰인다.

편마암은 암석 조직에 따라 화강편마암(granite gneiss), 호상(縞狀, 밴드 모양) 편마암(banded gneiss), 안구상(眼球狀= 사람 눈 모양) 편마암(augen gneiss)으로 분류한다. 타원 모양 또는 렌즈 모양의 장석, 주로 미사장석으로 된 반상의 광물 덩어리가 흑운모 등의 어두운 광물 호(縞, band) 사이에 마치 사람 눈처럼 군데군데 박혀있는 특징적인 형태를 보이는 안구상(augen) 편마암이 있다. 영어명 augen은 '눈'을 의미하는 독일어 'Augen'에서 유래되었다.

화강편마암은 거의 화강암과 유사한 중립 내지는 조립의 광물 조성과 조직을 보인다.

편마암과 편암(schist)이라는 용어는 독일의 광물학자 베르너(A. G. Werner, 1749~1817)가 널리 사용했다. 베르너 교수는 독일 동부 프라이베르그 광산 아카데미(Freiberg Mining Academy, 1765년에 설립된 유럽 최초의 광산대학) 교수로서 지구의 역사를 수성론으로 해석한 지질학 초기의 대학자 중의 한 명이다.

최영 장군은 '황금을 보기를 돌같이 하라' 했으나 지금은 암석이 재산이다.

편마암(gneiss)의 영어 발음은 '나이스'로서 영어의 nice(좋은)와 발음이 같아서, 나는 가끔 '기분이 편마암이다'(기분이 나이스다)라는 썰렁한 농담을 하곤 한다.

* 특정한 사물을 사진으로 촬영할 때는 반드시 그 크기, 즉 스케일(scale)을 사진 속에 표시해야 한다. 예를 들면 cm자, 또는 작은 사물인 경우 100원짜리 동전, 수첩이나 책 등, 큰 사물이라면 사람 모델, 집, 전주, 자동차 등을 사진 속에 포함시켜야 피사체의 크기를 짐작할 수 있다. 지질 전문가들은 암석 등을 촬영하며 보통 필드 햄머(field hammer)를 스케일로 사용하는데 이 햄머 길이는 1피트(약 30cm)이다.

• 계간현대수필, 2025 봄호

다이아몬드가 있는 킴벌라이트

다이아몬드와 관련된 유명한 문학 작품이 모파상(1850~1893)의 단편소설 『목걸이』이다. 온갖 쾌락과 사치를 위해 태어났다고 생각하는 허영심 많은 부인이 친구의 다이아몬드 목걸이를 빌려 치장하고 장관 댁에서의 무도회에 참석한다. 무도회를 마치고 집에 돌아와서야 목걸이를 잃어버렸음을 알고 비슷한 목걸이를 빚을 내어 사서 돌려준다. 이 빚을 갚기 위해 10여 년간 고생하여 친구가 몰라볼 정도로 폭삭 늙는다. 빌린 목걸이가 모조품이었는데 진품을 사서 돌려주었음을 뒤늦게 알게 된다는 줄거리이다.

다이아몬드(금강석)는 천연광물 중 가장 단단한 보석 광물이다. 광물의 경도는 1부터 10까지 분류되는데 다이아몬드는 10이다. 주성분은 결정화된 탄소(C)이다. 성분으로는 검은색의 흑연과 같다. 다이아몬드는 등축정계(cubic system)이고 흑연은 육방정계(hexagonal system)로서 결정구조가 다르다. 인조 다이아몬드는 높은 온도와 압력에서 흑연의 결정구조를 바꾸어 놓은 것이다.

색깔은 무색, 노란색, 갈색, 드물게는 녹색, 청색, 적색, 또는 오렌지, 검은색으로 다양하다. 다이아몬드의 무게 단위는 캐럿(carat)이며 1캐럿은 0.2 g이다. 다이아몬드의 가치는 크기와 중량(캐럿), 색깔, 투명도 및 연마 등으로 결정되며, 4월의 탄생석이라고도 불린다.

다이아몬드는 매우 높은 온도와 압력 환경, 지하 120km 내지는 250km 깊이에서 결정이 형성된다. 두께가 10~30km인 지각에서는 형성될 수 없고 지각 아래 맨틀 상부에서 생성된다. 다이아몬드는 맨틀에서 부유하고 있다가 어떤 특별한 성분의 화산 분출이나 마그마의 상승작용으로 지각으로 침투하며 지표 부근까지 도달하는 파이프 상 암체(岩體)에 따라오는데, 그 대표적인 암석이 킴벌라이트(kimberlite)이다. 킴벌라이트는 초염기성 화성암이다. 킴벌라이트 모암보다도 다이아몬드가 먼저 생성되었음이 밝혀졌다. 그 이전에는 킴벌

세계적으로 유명한 다이아몬드.

킴벌라이트와 다이아몬드 원석.

남아프리카공화국 킴벌리(Kimberley) 다이아몬드 광산 채굴 장소. 세계 최대의 다이아몬드 광산이었으며 이 광산 이름을 따서 다이아몬드가 들어 있는 암석 이름을 킴벌라이트(kimberlite)라고 함.

라이트 모암과 다이아몬드가 동시에 형성되었다고 해석하였다. 일반적으로 다이아몬드 탐사는 이 보석 광물이 들어 있는 킴벌라이트 파이프 구조를 찾는 일이다. 우리나라에는 이와 같은 킴벌라이트가 없어 아직 다이아몬드는 산출되지 않았다.

세계 최대 다이아몬드 광산이 있던 남아프리카공화국의 킴벌리(Kimberly) 도시 이름을 따서 암석 이름이 킴벌라이트(kimberlite)로 명명되었다. 킴벌리 다이아몬드 광산은 1871년부터 1908년까지 기계 작업 없이 사람의 노동력으로 개발되었다. 현재 지표상에 직경 460m, 깊이 1,070m 규모의 채굴 구덩이가 남아 있다. 이 기간에 1,450만 캐럿(약 2,900kg)의 다이아몬드가 생산되었다.

다이아몬드는 역사상 인간의 사치와 탐욕의 대상이 되어 왔다. 유명한 사건 중의 하나로 프랑스 대혁명 전인 1785년에 일어난 다이아몬드 목걸이 사기 사건이 있다. 루이 16세의 왕비이며 베르사유 궁전의 장미라는 마리 앙투아네트(1755~1793)와 관련된 사치와 권력 추구의 허황한 사기 사건으로서 당시의 사회상과 여론을 보여주는 사건이다. 이 목걸이는 다이아몬드 600여 개를 모아 만들었다고 한다. 왕비는 워낙 사치로 인한 여론이 나빠 루이 16세와 함께 1793년 단두대의 이슬로 사라졌다.

남아프리카에서 19세기 중반 다이아몬드가 발견된 이래 현대에 이르기까지 이 보석을 둘러싼 인간의 탐욕과 국가 간 분쟁인 '다이아몬드 전쟁'은 수백만 명의 무고한 목숨과 난민을 초래하였다(『다이아몬드 잔혹사』, 그레그 캠벨 지음, 작가정신, 2004 참고). 세상에서 가장 슬픈 다이아몬드의 나라 시에라리온에서는 다이아몬드가 이 나라에서 모두 고갈되면 전쟁도 일어나지 않을 것이라 하며, 이 나라 사람들에게 다이아몬드는 가슴 아픈 상처를 주는 보석이다. 권력을 잡기 위한 자금 마련 목적으로 다이아몬드 광산을 점거하는 아프리카의 독재자를 보면 참으로 어처구니없다는 느낌이 든다.

다이아몬드 탐사 단기 교육을 받기 위해 과거 동독의 작센주에 있는 대학도시 프라이베르크를 2000년 12월 중순 일주일간 방문했다. 다이아몬드에 대한 전문 교육을 처음 받은 기회였다. 프라이베르크는 세계에서 가장 오래된, 1765년에 설립된 프라이베르크광업기술대학이 있었던 역사적인 광산 도시이다. 프라이베르크는 팔백여 년에 걸친 광산 활동 도시여서 내겐 오랜 기간 방문 호기심을 주던 도시였다.

영국 런던에서 연구 생활 중이던 1983년 여름 네덜란드 암스테르담을 지나며 다이아몬드 세공 공장을 견학했는데, 이 공장이 왜 암스테르담에 있나 궁금했었다. 16세기부터 보석의 연마 특히 다이아몬드의 연마로 유명한 곳이 암스테르담이었고, 암스테르담은 17세기 세계 최대의 상업 도시였다.

다이아몬드는 내게 하나의 보석 광물일 뿐 그리 소유하고 싶은 광물이 아니다. 광물 가운데는 색깔이 아름답고 결정구조가 독특한 광물이 많아서 이런 광물들이 내 눈길을 끈다. 그 비싼 다이아몬드에 매혹되어 집착하는 사람들을 보면 답답하다.

현재 '다이아몬드는 영원하다'라는 광고로 유명한 세계 최대의 다이아몬드 회사인 드 비어스(De Beers, 1888년 설립)에 의해 다이아몬드 유통이 이루어지고 있다. 보석의 황제 다이아몬드는 그동안 인공적으로 합성 제조되어 공업용, 특히 절삭용이나 연마용으로 이용되어왔다. 다이아몬드의 인공 합성 기술이 발전됨에 따라 드 비어스는 천연 다이아몬드의 가격보다 훨씬 싼 가격으로 보석용 인조 다이아몬드를 출시한다는 홍보를 하고 있다.

• 계간현대수필, 2025 여름호

언제나 든든한 화강암

암석은 역사적 문화재나 현대 건축물에 석재로서 다양하게 이용되어 왔다. 각 지역의 유명한 역사적 건축물은 대부분 그곳에서 산출되는 암석을 이용하기 마련이다. 이번 기회에 유적지 건축물이나 조각 작품의 자재로서 암석에 관심을 가지며 관찰함도 흥미로울 것이다.

암석은 화성암, 퇴적암(수성암), 변성암의 세 종류로 구분된다. 암석은 광물의 집합체로서 각각 화학적 성질과 물리적 성질을 가지고 있는데 그 조직과 구조가 독특하다. 화성암은 형성 깊이에 따라 심성암과 화산암으로 크게 분류한다. 심성암은 마그마가 지각에 관입하여 서서히 냉각된 암석이어서 조암광물들을 육안으로 감별할 수 있다. 화산암은 마그마 용암이 지표나 해저에 분출되며 갑자기 냉각된 암석이어서 광물 입자가 유리질이 많아 육안 감정이 거의 불가능하다.

화강암(granite)은 심성암의 대표적 산성 암석이다. 강도가 크고 육안 감정이 가능한 광물 입자들이 매우 치밀하게 분포하는 균질 암석이어서 석재와 자재로 많이 이용되고 있다.

　한반도의 지질 분포는 화성암이 35%, 퇴적암이 25%, 변성암이 40% 정도이다. 화강암의 분포가 전 국토의 약 30%나 되어 석재와 골재로 널리 이용된다. 화강암은 석영, 장석(정장석과 사장석), 운모와 각섬석으로 구성된 조립질 암석이다. 담회색 내지는 담홍색을 띠고 있으며 담홍색은 핑크빛을 띠는 정장석 함량에 좌우된다. 검은색 반점은 흑운모와 각섬석이다.

　국내 고궁 건물이나 성문(동대문, 남대문 등), 또는 성벽의 기초 석재로 화강암이 이용되었다. 사찰의 탑, 석불, 계단, 축대뿐만 아니라 도로포장에도 이용되었다. 대표적 건축물로는 국회의사당, 청와대, 대법원, 인천공항, 덕수궁 석조전 등이 있다. 청계천 복원사업에도 자재로 널리 사용되었다. 경주 남산은 신라 천 년의 고도 경주에 자리한 영산이라 불리는데 이 일대가 화강암 분포지이다. 석굴암, 불국사 다보탑과 석가탑 등 유적지나 사찰의 여러 불상

화강암 석재의 표면. 담홍색이 정장석, 담회색이 사장석, 농회색 유리질 부분이 석영, 검은 입자들은 흑운모.

이나 조각의 재료가 화강암이다.

　지난 1988년 완공된 예술의 전당은 건설 초기에 석재를 수입 대리석으로 하자는 의견이 있었다고 한다. 다행히 국내에서 충분히 공급될 수 있는 화강암 석재를 이용하여 건축되어서 국내 석재 활성화에 도움이 되었다.

　화강암의 비중은 2.6~2.7, 공극률은 0.23~1.75%, 압축 강도는 2,000~2,500 kg/cm³로서 가장 강한 암석 중 하나이다. 예를 들어서 가로와 세로가 1m(=100cm)이고 두께 3cm인 화강암 석재의 무게는 78kg(=100cm x 100cm x 3cm x 2.6g/cm³ = 78,000g = 78kg)으로 덩치 큰 장정의 체중이라 할 정도로 무겁다. 화강암은 다른 암석에 비하여 공극률이 작고 매우 치밀하며 강도가 커서 석재로 인기 좋은 암석이다. 과거에 바닷가나 강변에서 채취되던 자갈이 이제는 고갈 상태여서, 이 화강암을 파쇄하여 콘크리트 자갈로 또한 철도 침목을 받치는 골재로 이용하고 있다.

　화강암의 성인(成因)은 정통 마그마 기원이라고 알려져 왔다.

예술의전당 오페라하우스　　　　　　국회의사당

내가 일본 도쿄대학에서 연구 생활하던 1980년에는 화강암 성인에 대한 새로운 학설인 퇴적 기원의 화강암이 인기 주제였다. 화강암은 기존의 마그마 기원설(I-type) 이외에 퇴적 기원의 화강암이 존재함이 제안되었다. 퇴적암들이 마그마에 용융되었다가 다시 굳으며 화강암이 된 퇴적 기원의 화강암(S-type)이다. 지각

화강암 나무아미타불상

에는 이 퇴적 기원의 화강암이 더 많이 분포되어 있다.

지질 연대를 나타내는 단위는 Ma로서 백만 년을 의미하고, Ga는 십억 년을 의미한다. 예를 들면 지구 나이는 46억 년이므로 4,600Ma 또는 4.6Ga이다.

국내 화강암은 대부분 중생대 쥐라기와 백악기에 형성되었다. 화강암의 형성 시기가 130~180Ma인 쥐라기와 57~97Ma인 백악기에 속하고 있다. 쥐라기 화강암체는 대보 조산(造山)운동으로, 백악기 화강암체는 불국사 조산운동 중에 관입 되어 각각 대보 화강암과 불국사 화강암으로 불린다.

서울에 분포하는 대표적 화강암 산출지는 관악산, 북한산, 도봉산 등이며 대표적인 쥐라기 화강암체이다. 관악산 서울대 캠퍼스가 있는 안양 화강암체는 중생대 쥐라기 화강암으로서 생성 연대는 171Ma이다.

험하다는 악(岳)자가 붙은 관악산, 북악산, 치악산, 월악산, 설악산은 대부분 화강암이다.

채석장은 현재 환경 보호와 미관상 도로변에서 보이는 장소에서는 개발을 금지하고 있다. 빌딩 산업에서는 연마하여 아름다운 광택을 내는 석재를 대리석이라는 상품명으로 부르고 있다. 예를 들면 연마된 분홍빛 화강암은 마치 대리석 같은 느낌이 든다. 실제 대리석은 퇴적암인 석회암이 변성작용을 받아 이루어진 변성암으로서 조암광물인 방해석($CaCO_3$)의 재결정작용으로 치밀한 조직을 보인다.

화강암을 대할 때마다 나는 그 수수한 회백색 바탕색이 무난해 보이며 치밀하고 균질한 광물 조직에 만족한다. 연마가 잘 된 화강암 벤치에 앉으면 그 시원함과 안정감이 마음에 든다. 마치 언제나 믿음직하게 든든한 친구를 만나듯이.

• 계간현대수필, 2025 가을호

우아하고 부드러운 대리석

대리석(大理石, marble)은 건축 석재로서 또한 미술 공예품 자재로서 가장 잘 알려진 암석이다. 대리(大理)라는 용어는 중국 남부 윈난(雲南)의 대리(大理)라는 곳에서 산출되는 암석에서 유래되었다.

대리석은 지각에 깊이 묻힌 석회암이 열과 압력을 받아 생성(광역변성작용)되기도 하고, 석회암이 화성암의 관입을 받아 형성(접촉변성작용)되기도 한다. 방해석(calcite, 탄산칼슘) 입자들이 치밀하게 재결정된 변성암이다. 최대 1.2 mm 크기의 재결정된 방해석이 대부분인 단일 광물 암석이다. 석회암이 변성될 때 방해석 이외에 마그네슘 성분이 있는 돌로마이트(dolomite)가 함유되기도 한다. 광역변성작용으로 변성도가 높아지면, 즉 열과 압력이 높아지면 더욱 조립질의 대리석이 된다.

순수한 대리석은 흰색이며 주성분 광물이 방해석이다. 규산 성분이 많은 사암질 석회암이 변성되면 불순물로서 석회-규산염 광물들이 수반된다. 이 불순물로 존재하는 광물로 인해서 다양한 색깔을 띠게 된다. 가장 흔한 불순물 광물은 석영, 운모, 흑연, 철 산화물, 황철석과 석회-규산염 광물이다. 이러한 광물로 인해 독특한 조직(특히 띠 모양)과 색깔을 띠게 된다. 예를 들면 흑연이 다량 들어 있으면 검은색을, 사문석-감람석-수활석-녹렴석-규회석 등이 불순물로 들어 있으면 녹색을, 석류석이 있으면 갈색을 띤다.

대리석이 상품 가치를 가지려면 절리 등 균열이 없어야 하고, 균질하고 치밀해야 하고, 연마하면 아름다운 색깔과 무늬를 보이며 광택이 있어야 한다. 품질 요건은 진하고 밝은 색깔이 선명해야 하고, 일정한 크기로 채취할 수 있어야 하며, 암질이 치밀하고 빈 공극이나 흠집이 없어야 한다.

국내에서 산출되는 대리석의 경우 건축 자재로 사용할 규격의 석재는 드물다. 필자가 조사했던 강원도 정선지역의 한 대리석 광구의 경우 균열이 심해서 석재로는 부적합하고 완구용 제작 원료로 적절하다는 보고를 한 적이 있다.

국보 2호인 원각사 10층 석탑(높이 12m, 파고다공원에 있음).

대리석은 외견상 단단해 보이나 방해석이 주성분 광물이어서 쉽게 칼에 긁히며, 또한 산성비에 쉽게 용해되어 풍화된다. 따라서 건축 외장재로는 적절치 않으며 내장재로 이용된다. 이 암석은 치밀한 조직과 구조로 건축 자재 특히 내장재로서 인기가 높다. 연마하면 아름다운 색깔과 무늬로 광택을 낸다. 아름다운 색깔과 무늬를 이용하여 또한 쉽게 절단할 수 있고 손질할 수 있어 조각 재료로 이용한다.

대표적인 유적지 건축물로는 인도 아그라의 타지마할 사원, 이탈리아 로마의 개선문, 영국 런던의 마블 아치, 튀르키예 서해안의 에페소 유적지, 그리스 아테네의 파르테논 신전 등이 있다.

유명한 대리석 조각 작품으로는 미켈란젤로의 다비드 상 (1501~1504년 제작)이 있다.

미켈란젤로가 조각에 이용한 하얀색 대리석 산지가 카라라이다. 카라라는 이탈리아 투스카니 지방의 북쪽 끝 해안에 있는 도시이다. 카라라는 로마시대부터 대리석 채석장으로 유명한 곳이며 도시 외곽에 채석장이 650여 곳이 넘는다. 주로 흰색과 청회색이다.

국내에는 국보 2호인 파고다공원에 있는 원각사 10층 석탑이 대리석이다. 엄밀하게는 마그네슘이 함유된(돌로마이트 존재) 대리석이다. 높이 12m의 석탑이다. 우리나

튀르키예 에페소 유적지의 셀수스도서관과 그리스 아테네의 파르테논 신전.

라의 석탑 중에 대리석으로 축조된 석탑은 드물다. 독특한 형태의 조각 솜씨는 조선시대 석탑의 백미로 꼽힌다. 세조 10년(1467)에 세워졌다.

필자는 이 석탑의 풍화 현상과 보존 방안을 1970년대 중반에 직접 조사한 적이 있었다. 보호막이 없이 공원 지상에 오백여 년간 노출되어 있었으니 도시 먼지가 쌓이고 풍화 현상이 심했다. 지금은 유리 덮개 안에서 보호되고 있다.

최근에는 대리석이 아닌데도 암석 표면을 연마하여 광택이 나게 하고 대리석이라는 상품명을 붙이고 있다. 참고로 대리석과 관련하여 다음 용어를 이해하자.

트래버틴(Travertine) : 흔히 백색이나 우윳빛을 띠는 치밀하고 세립 결정질 석회암이며 석회암 동굴에서 생성된 탄산칼슘 퇴적물이다.
오닉스(Onyx, 그리스어로 손톱이라는 뜻): 트래버틴이나 석순에 줄무늬를 보이는 경우이다.

테라조(Terrazzo) : 인조석의 일종으로서 대리석에 백색 시멘트를 섞어 혼합하여 경화시킨 후 표면을 연마한 것으로서 내외장, 바닥 마무리용으로 사용한다.

인조대리석 : 굵은 콩알만큼 잘게 부순 대리석 조각에 시멘트, 칠감, 물을 섞어 반죽하여 굳힌 석재로서 건물의 바닥, 기둥 재료로 이용한다.

대리석은 아름다운 색깔과 광택으로 또한 부드러운 촉감으로 단연 석재 중에 최고의 상품이다. 우리도 대리석처럼 우아하고 부드러운 특성을 본받았으면 한다.

• 계간현대수필, 2025 겨울호